# A solidão de Israel

Consulte nosso catálogo completo e últimos lançamentos em www.editoracontexto.com.br.

Bernard-Henri Lévy

# A solidão de Israel

*Tradução*
Patrícia Reuillard

editoracontexto

*Foto de capa*
Foto modificada de Lukáš Kačaliak (Unsplash)

*Montagem de capa e diagramação*
Gustavo S. Vilas Boas

*Preparação de textos*
Ana Paula Luccisano

*Revisão*
Lilian Aquino

Dados Internacionais de Catalogação na Publicação (CIP)

Lévy, Bernard-Henri
A solidão de Israel / Bernard-Henri Lévy ; tradução de
Patrícia Reuillard. – São Paulo : Contexto, 2025.
128 p.

ISBN 978-65-5541-542-1
Título original: Solitude d'Israël

1. Conflito Árabe-israelense 2. Hamas
I. Título II. Reuillard, Patrícia

25-3754 CDD 956.940

Angélica Ilacqua – Bibliotecária – CRB-8/7057

Índice para catálogo sistemático:
1. Conflito Árabe-israelense

2025

EDITORA CONTEXTO
Diretor editorial: *Jaime Pinsky*

Rua Dr. José Elias, 520 – Alto da Lapa
05083-030 – São Paulo – SP
PABX: (11) 3832 5838
contato@editoracontexto.com.br
www.editoracontexto.com.br

Dedicatória

A edição francesa deste livro, lançada em 20 de março de 2024, foi dedicada aos 131 reféns mantidos na época pelo Hamas. Mais de um ano depois, com esta edição brasileira prestes a ser publicada, é doloroso constatar que 59 reféns permanecem em cativeiro pela organização terrorista. É preciso repetir, incansavelmente, que cada refém deve ser trazido de volta para casa de forma imediata. Optei por reproduzir aqui, sem alterações, a minha dedicatória original, pois levo cada uma dessas vidas em meus pensamentos e no meu coração.

Da edição original:

*Este livro é dedicado a*

Mohammad Alatrash, Liri Albag, Edan Alexander, Hisham Al-Sayed, Hamza Alziadne, Youssef Alziadne, Matan Angrest, Noa Argamani, Karina Ariev, Uriel Baruch, Ohad Ben Ami, Ron Benjamin, Agam Berger, Ziv et Gali Berman, Ariel et Kfir Bibas, Shiri et Yarden Bibas, Elkana Bohbot, Rom Braslavski, Yagev Buchshtab, Amit Ester Buskilla, Itay Chen, Eliya Cohen, Nimrod Cohen, Ariel Cunio, David Cunio, Emily Damari, Alex Dancyg, Oz Daniel, Ori Danino, Evyatar David, Sagi Dekel-Chen, Itzik Elgarat, Kaid Farhan Elkadi, Carmel Gat, Itzhak Gelerenter, Daniela Gilboa, Guy Gilboa-Dalal, Hersh Goldberg-Polin, Romi Gonen, Maxim Herkin, Orion Hernandez-Radoux, Eitan Horn, Yair Horn, Tsachi Idan, Bipin Joshi, Ofer Kalderon, Segev Kalfon, Elad Katzir, Amiram Kooper, Andrey Kozlov, Bar Kupershtein, Naama Levy, Or Levy, Eliyakim Libman, Oded Lifshitz, Alex Lobanov, Shlomo Mansour, Almog Meir Jan, Avera Mengistsu, Yoram Metzger, Omri Miran, Eitan Abraham Mor, Gadi Moses, Avraham Munder, Omer Neutra, Tamir Nimrodi, Michel Nisenbaum, Yosef Ohana, Alon Ohel, Avinatan Or, Dror Or, Daniel Peretz, Chaim Peri, Natthaphong Pinta, Nadav Popplewell, Sonthaya Oakkharasri, Sudthisak Rinthalak, Surasak Rumnao, Lior Rudaif, Bannawat Seathao, Almog Sarusi, Eli Sharabi, Omer Shem Tov, Tal Shoham, Idan Shtivi, Keith Samuel Siegel, Watchara Sriaoun, Doron Steinbrecher, Sathian Suwankam, Pongsak Thaenna, Sasha (Alexander) Trofanov, Omer Wenkert, Yair Yaakov, Chanan Yablonka, Ohad Yahalomi, Arbel Yehoud, Dolev Yehoud, Eden Yerushalmi, Matan Zangauker, Shlomi Ziv – até 23 de fevereiro de 2024, ainda mantidos como reféns do Hamas em Gaza.

# Sumário

PRIMEIRA PARTE

# METAFÍSICA DO 7 DE OUTUBRO

# Pogrom

Cheguei a Israel no dia seguinte ao 7 de Outubro.

No aeroporto Ben Gurion, os alarmes soavam num ritmo permanente.

Gélidas apesar do calor do verão tardio, Tel Aviv e Jerusalém pareciam cidades mortas.

Quase todos os moradores de Sderot, cidade muitas vezes mártir, na fronteira de Gaza, tinham-na abandonado.

Eu conhecia a cidade. Nos últimos 20 anos, sempre tento ir lá em cada uma de minhas viagens.

E, nas duas guerras anteriores de Gaza, em 2009 e 2014, quando se ficava 24 horas por dia nos abrigos por causa dos foguetes, eu ficara lá por um tempo para fazer reportagens.

No entanto, nunca a vira neste estado de desolação.

Nunca teria imaginado encontrar, na entrada da cidade, no meio da estrada Menachem Begin, vazia, os despojos de um jihadista abatido e coberto por uma lona azul que deixava à mostra suas pernas enegrecidas, cobertas de formigas, apodrecendo num raio de sol.

Tampouco teria imaginado me ver cara a cara, diante dos escombros da delegacia de polícia incendiada, com o jornalista do periódico *Haaretz* e virulento crítico de Israel Gideon Levy, meu homônimo – tenho muitos homônimos e tive a ocasião de refletir com alguns deles sobre a ironia de um espírito do judaísmo que lança nos mesmos nomes os destinos judaicos mais desiguais –, mas esse Lévy... me surpreendi apertando sua mão e comungando de um estupor que, de repente, deixava para trás o que pensávamos antes... Estarmos juntos diante de uma assembleia que reunia bombeiros, policiais, soldados das Forças Armadas de Israel, conhecidas como Tsahal, que haviam chegado de manhã, ou reservistas que tinham vindo espontaneamente, mais cedo, porque um parente, um amigo, um colega de regimento os chamara de um abrigo para dizer, num sopro, o que foi para muitos as últimas palavras: "Os lobos entraram na cidade; nós os pressentimos, os ouvimos; estão no jardim, na sala, no quarto das crianças; estão tentando, aqui, neste instante, forçar a fechadura enquanto fico imóvel..."

Foi pior ainda nos *kibutzim*.

Estes eu conhecia há muito tempo. Sabia que eram o bastião deste sionismo laico, liberal, pacifista, que foi, desde 1967 e a Guerra dos Seis Dias, meu primeiro vínculo com Israel.

Eu viera, por exemplo, a Kfar Aza com Ely Ben-Gal, intelectual progressista, salvo do Holocausto por um justo da cidade de Chambon-sur-Lignon,* que havia levado Sartre e Simone de Beauvoir alguns meses antes ao mesmo *kibutz*.

No *kibutz* vizinho de Be'eri, ficara hospedado na casa de judeus curdos que acalentavam o projeto de conviver com seus irmãos árabes. Segundo eles, só a tirania de Saddam Hussein conseguira destruir essa convivência no seu Iraque natal.

E mesmo que só tenha entrado no *kibutz* após as primeiras reportagens dos canais de tevê israelenses, ainda que as equipes da ONG Zaka – cuja tarefa santa é encontrar os pedaços que faltam dos corpos para reconstruí-los e lhes dar um funeral humano e judaico – tivessem me antecedido e sepultado a maioria deles, não consigo esquecer: nem o cheiro de leite azedo que pairava nas casas metralhadas, desossadas, semiqueimadas e que, com seus armários de faia cujo humilde conteúdo voara pelos ares, pareciam ter sobrevivido a um furacão; nem as ruas cuidadosamente planejadas, ladeadas por casas enfeitadas, com jardinzinhos intactos, onde se calaram o som da voz humana e o canto dos pássaros; nem o testemunho de todos os sobreviventes e socorristas relatando a retirada dos mortos, uns decapitados e desmembrados, outros carbonizados, outros ainda com o corpo crivado de balas e mãos despedaçadas como se tivessem lutado até o último instante; nem, enfim, o galpão dos legumes, onde foram depositados os pedaços de corpos recém recolhidos e ainda sem identificação – um pequeno monte de carnes indistintas e adivinhadas, odor forte.

Depois, encontrei famílias dos reféns, que me lembravam os pais do soldado Shalit,** que eu visitara numa casa parecida 15 anos antes. Revi os pais de Daniel Pearl, que encontrei em Encino, na Califórnia, nos primeiros dias da investigação em que eu seguiria

* N.T.: Cidade francesa, local que recebeu de Israel o título de "justo entre as nações" por ter abrigado e salvo de 3 a 5 mil judeus durante as perseguições a eles na Segunda Guerra.

** N.T.: Refém do Hamas de 2006 a 2011 e libertado em troca de 1.027 prisioneiros palestinos.

os passos do jovem jornalista judeu sequestrado, tentando reconstituir seus últimos dias e me aproximar o máximo possível dos jihadistas que, no final, o decapitaram. Em todos, o mesmo desatino. Em todos, o mesmo estarrecimento e a mesma dificuldade de encontrar as palavras certas. E, em todos, quando finalmente as encontravam, as mesmas frases: nós, os sobreviventes... de novo os sobreviventes... estamos dispostos a dar tudo, tudo, até nossa vida, para que volte uma criança sequestrada sem sua mamadeira, uma irmã cujo corpo apareceu seminu, ensanguentado, nas redes, atirado como um pacote no porta-malas de uma picape, ou uma avó proibida pelos sequestradores de dizer adeus...

E depois encontrei outros sobreviventes, os da festa *rave*, ou os de Be'eri, que foram evacuados para Tel Aviv e me relataram os bárbaros que surgiram do nada; sua selvageria resfolegante e taciturna; a correria; os tiros de metralhadora; as motocicletas a toda velocidade, com dois, às vezes três indivíduos, as pernas do terceiro balançando no vazio; os rostos acinzentados que, na penumbra do quarto, só deixavam ver, no último momento, olhos brilhando de ódio; o aspecto caótico, mas sobretudo bem planejado de tudo isso, fulgurante e muito longo; o choro dos bebês; os gritos incrédulos das crianças e seus olhos arregalados de medo; os agonizantes se arrastando até seu celular para mandar uma última mensagem; o celular sem bateria; uma bala na cabeça, a última, como compensação; pareciam *Einsatzgruppen*;* nunca se vira, desde o início do Holocausto, judeus massacrados assim, à queima-roupa, só por serem judeus; e, ao mesmo tempo, não; era preciso tomar cuidado, e eu precisava calar na minha mente o desfile das reminiscências e das imagens; qualquer semelhança com uma

* N.T.: *Einsatzgruppen* eram unidades nazistas criadas já em 1938 para executar os opositores do regime e, depois, para perseguir e exterminar os judeus. Aqui, a referência é a 1,5 milhão de judeus ucranianos assassinados a tiros durante a invasão da União Soviética pelos alemães.

situação anterior não tinha sentido, pois se estava diante de uma situação totalmente única.

Estamos no dia seguinte ao 7 de Outubro.

Na época, só tinha a Guerra da Ucrânia em mente.

Ela ocupa todo meu tempo, arrebata todos meus pensamentos, mobiliza todas minhas energias nestes últimos dois anos.

Porém, nesse instante, com o coração congelado, compreendo que acaba de ocorrer um acontecimento cuja deflagração, choque, impacto não se parecem com nada de conhecido e vão mudar o curso de nossas vidas.

Nem todos os acontecimentos são acontecimentos.

Nem todos têm a força historial, *epocal*,* instauradora de uma época, daquilo que o filósofo alemão Reiner Schürmann denomina Acontecimento.

O *pogrom* do dia 7 de Outubro foi um deles – vejamos por quê.

* N.T.: O termo *epocal*, empregado por Günther Anders a partir de Heidegger – "toda filosofia de uma época tem sua própria necessidade" –, é o que define "a 'necessidade' ou a verdade de uma época".

# Acontecimento

Para Schürmann, este filósofo muito pouco reconhecido, cujas reflexões partem das fadas más da Alemanha nazista e, em especial, de um diálogo com Heidegger, a primeira característica de um Acontecimento é o ineditismo de sua forma.

Na era deste "espetacular integrado", que Guy Debord já há muito tempo demonstrava ser o regime novo de uma época que dura até hoje, o Acontecimento obedece a um roteiro que parece escrito para ele mesmo.

Na época deste situacionismo aplicado, que Andy Warhol resumiu ao afirmar que o sonho de um homem, mesmo bárbaro, é ser autor da *performance* que o tornará célebre por 15 minutos, ou 5, ele não repete pela enésima vez o mesmo enésimo atentado suicida, a mesma enésima chuva de foguetes ou o mesmo ataque simultâneo da mesma coalização de exércitos árabes.

Um exemplo de acontecimento: terroristas pilotando aviões lançados contra as Torres Gêmeas do World Trade Center, símbolos de poder e de liberdade, fazendo 2.753 vítimas enquanto tornam reféns centenas de milhões de homens que viveram nobremente, ao longo dos séculos, a aventura muçulmana.

Outro exemplo: dois falsos jornalistas que, armados com uma câmera escondida, matam, no Panshir, o lendário comandante Massoud, encarnação do islamismo iluminista.

Mais um: o segundo exército do mundo marchando sobre Kiev e quebrando rapidamente, em 24 de fevereiro de 2022, todas as regras escritas e não escritas sobre as quais se assentara a ordem internacional desde a derrota do nazismo.

É o que ocorre com o 7 de Outubro, esta carnificina acompanhada de uma tomada de reféns cuja amplitude, selvageria e desenrolar tampouco tinham precedentes.

Israel já vivenciou outras situações com reféns antes: atletas da vila olímpica de Munique em setembro de 1972; a operação no aeroporto de Entebbe um pouco depois; ou, bem mais tarde, a irrupção de um comando palestino em seu próprio território, por túneis, capturando o soldado Gilad Shalit em seu tanque.

Israel já sabia o que era um linchamento: os dois estudantes de uma *yeshivá** que, em 2015, foram homenagear o túmulo de José em Nablus, sendo resgatados *in extremis* por dois policiais palestinos de uma multidão enfurecida, ou os dois reservistas do Tsahal, Yoseph Avrahami e Vadim Norzhic, espancados até à morte, em outubro de 2000, defenestrados, carbonizados e cujos despojos foram arrastados nas ruas de Ramallah, como aconteceu com o sargento Cleveland nos últimos dias da Batalha de Mogadíscio.

Mas as duas coisas ao mesmo tempo e em tal escala – esse linchamento elevado à milésima potência e essa tomada de reféns sem precedentes desde o rapto das Sabinas pelos romanos de Rômulo;

* N.T.: *Yeshivá* é uma escola judaica que se dedica ao estudo dos textos sagrados.

esse ataque com motocicleta, tratores, picapes e asas-deltas, tudo de surpresa e difundido em tempo real nas redes sociais, nas quais os terroristas exultavam por terem sangrado judeus como cordeiros – isso jamais acontecera.

A ocorrência de um Acontecimento é também imprevisível.

Ninguém o vê chegar, nem mesmo de leve.

Ele é o equivalente destes "cisnes negros" que, segundo os economistas, não podem ser previstos por nenhum dado, nenhuma curva, nenhum cálculo de probabilidades ou de metaprobabilidades.

E são acontecimentos que, mesmo depois, mesmo quando o enredo já se revelou e o filme avançou e já se conhecem os últimos desfechos, continuam parecendo impensáveis, incompreensíveis.

Sabia-se quase tudo do nazismo. Lera-se *Mein Kampf* (*Minha luta*). Ouvira-se Hitler. Mas raros eram os que compreendiam o que ele queria dizer quando se comparava a Siegfried despertando sua Valquíria prisioneira dos tenebrosos nibelungos. Raros eram aqueles que, tendo ouvido as redes polonesas de resistência se referirem, já em 1942, a dezenas de milhares de judeus levados a Auschwitz, "com o único objetivo de seu extermínio imediato nas câmaras de gás", encontravam algo melhor a dizer do que Felix Frankfurter, juiz da Corte Suprema dos Estados Unidos, ao receber o resistente Jan Karski: "Não acho que o senhor 'esteja mentindo', mas 'não posso acreditar no que diz'". E, ainda hoje, quando se pensa saber tudo sobre esse extermínio e sua engrenagem industrial, resta no coração da história, como sempre repetiram Primo Levi, Imre Kertész ou Elie Wiesel, uma impenetrável parcela de sombra.

Sabia-se tudo sobre a negação da identidade ucraniana por Putin. Bastava ouvir seus discursos, durante anos, no Clube Valdai,* para conhecer seu ódio obsessivo ao Ocidente, o ressentimento que ele nutria pela valente Ucrânia e a perfeita semelhança entre sua *grande Rússia* e

* N.T.: O Clube Valdai de Discussão Internacional é um *think tank*, fundado em 2004 por instituições educacionais russas, para discutir uma agenda global e avaliar a geopolítica global.

*Lebensraum** hitlerista. E bastava abrir os olhos para ver que o Kremlin estava juntando, num movimento inédito de tropas desde a implosão da URSS, 190 mil militares na fronteira ucraniana, prontos para o combate. Mas daí a concluir que ele passaria à ação e se lançaria nesta aventura insensata, havia um salto que a imaginação rechaçava e a que se furtou a maioria das agências de inteligência. E dois anos depois, em 2024, mesmo sabendo que tudo aconteceu, mesmo relembrando aquele debate em Amsterdã, em 20 de setembro de 2019, com Alexandre Dugin – o ideólogo civil de Putin, que expôs diante de mim o catálogo completo das insanidades racistas, antissemitas, pró-islamistas que são o substrato da ideologia eurasiática –, ainda há algo de enigmático e que resiste à compreensão na decisão de lançar essa "operação".

Pois então, o mesmo acontece com esta fulminante e longa voracidade lançada, em 7 de Outubro, pelos esquadrões da morte do Hamas.

Muito se questionou como o Mossad pôde se deixar enganar assim e não ver chegar a pior matança de judeus desde o Holocausto.

A realidade é que talvez ele tenha visto.

E a verdade é que todos os serviços secretos do mundo podiam ver e saber.

Uma análise da BBC, de 29 de novembro de 2023,[1] relata como os terroristas fizeram treinamentos, desde 2020, em nove lugares diferentes da Faixa de Gaza, a apenas algumas centenas de metros da zona de segurança.

Ora ensaiavam um ataque de foguetes e a abordagem de um tanque falso ostentando uma bandeira israelense. Ora simulavam e descreviam, num canal do Telegram dedicado à "libertação" dos *kibutzim* de Be'eri e Kfar Aza.

Em outro momento, atacavam uma maquete quase em tamanho natural de uma base militar – a dez metros de profundidade e a oitocentos metros da fronteira – posteriormente encontrada pelo Tsahal.

* N.T.: Trata-se de um dos fundamentos ideológicos da política de expansão e agressão nazista, que inclui deslocamentos forçados e aniquilação das populações, concebida a partir de um conceito germânico do século XIX para justificar o expansionismo alemão.

Num outro, foi um exercício de localização por drones, logo identificados por soldados de uma unidade de proteção das fronteiras do Tsahal, que alertaram sua hierarquia e desencadearam, em abril de 2023, um bombardeio de represálias.

E houve, ainda em 12 de setembro de 2023, ou seja, 25 dias antes do dia fatídico, um derradeiro ensaio, igualmente visível num canal do Telegram, em que terroristas se filmaram tomando de assalto falsos prédios, desembarcando numa praia fictícia e atacando réplicas das casas dos *kibutzim* mártires de 7 de Outubro.

Porém, ao mesmo tempo, via-se Yahya Sinwar, chefe militar do Hamas e organizador da carnificina, administrando Gaza.

Podia-se vê-lo, no dia a dia, negociando com os israelenses a flexibilização do bloqueio que proibia a entrada de materiais próprios à fabricação de armas ou à construção de túneis.

Recebia tranquilamente, a cada mês, das mãos do embaixador do Qatar, os milhões de dólares necessários ao pagamento de seus funcionários.

Permitia a construção de praias (pois havia praias em Gaza – sobretudo graças ao trabalho da organização EcoPeace, criada por ecologistas israelenses, jordanianos e palestinos especializados na limpeza da água do mar).

Encorajava a construção de hotéis de luxo (pois havia hotéis assim em Gaza[2] – a começar pelo hotel Al-Mashtal, lançado pelo grupo Mövenpick).

Tolerava que prosperassem, para contentamento de todos, universidades, restaurantes, centros de equitação, casas de veraneio, que nunca foram segredo nas redes sociais de Gaza.

Sinwar parecia comedido.

Esse criminoso, condenado quatro vezes à prisão perpétua por Israel, mas liberado, em 2011, numa troca de prisioneiros que possibilitou o retorno do soldado Shalit, passava por pragmático e moderado.

Até deu provas de seriedade ao fazer de Gaza, durante a pandemia de covid, um modelo de higienismo sanitário, com toque de recolher às 18h30 e quarentena de três semanas para os visitantes estrangeiros.

Dava coletivas de imprensa.

Recebia jornalistas europeus.

E, ainda em maio de 2021, após duas semanas de uma dessas guerras infligidas a Israel, como uma rotina, no primeiro dia de um cessar-fogo que ele próprio havia negociado com sensatez, deu-se até ao luxo de um passeio a pé, a descoberto, nas ruínas de um bairro da cidade de Gaza, onde fez várias *selfies* com ares de jihadista moderado que nada tem a temer ao Tsahal, que sabe que ele se tornou um interlocutor sensato.

Tudo isso nos levou a ver sem ver e sem acreditar no que se via.

Ninguém, ou quase ninguém, supôs que aquele mesmo homem estava preparando, no mesmo momento, o ataque mais sofisticado da história de Israel.

E o próprio fato de os preparativos se darem assim, quase a céu aberto, levava nossas imaginações preguiçosas e bitoladas a vê-los como uma manutenção das tropas e de seu moral – mas poucos, muito poucos, percebiam a chegada desse vento maligno, fatal.

Para explicar essa inacreditável falha, é inútil se servir da artilharia pesada das teorias da conspiração (um governo diabólico que permite conscientemente a vinda de um inimigo declarado na esperança de acabar com ele de uma vez por todas).

Ou se aventurar na perigosa busca do culpado, isto é, do bode expiatório, sobre quem recairá, chegado o momento, toda a responsabilidade do desastre (a lenda urbana mundial que torna Israel cúmplice de um Hamas cuja influência ele teria permitido aumentar de propósito).

A verdade é mais simples e, ao mesmo tempo, mais aterradora.

É o eterno erro das democracias que, confrontadas com o impensável da barbárie, sabem, mas não acreditam, têm os dados, mas não chegam a conclusões.

É a lógica da carta roubada de Edgar Allan Poe: ela está bem ali, mal e mal amassada, em cima da mesa, mas a coisa é tão claramente dita e anunciada que não se vê.

É o paradoxo, teorizado por meus mestres estruturalistas, de uma época que não se define pelo que vê, mas pelo que a estrutura de seus saberes e o regime de suas expectativas lhe invisibilizam.

E esta é a segunda característica desses acontecimentos que estão invertendo os quadrantes da História: são tão distantes de nossa óptica habitual que não os vemos se delineando; são tão alheios ao nosso entendimento que parecem escritos numa língua desconhecida; são aberrantes e prodigiosos; irredutíveis, mesmo depois de acontecerem, a seu contexto. Um filósofo diria que são um dos nomes do impossível ou que, se têm evidentemente uma causa, têm causa em excesso, ou que há mais substância em seu efeito, em todo caso, do que em sua causa – e que eles são, por isso, uma força torpe e que perdura.

Razão de sua última característica, sem dúvida a mais importante.

Por serem um rasgão, não na cortina do Templo, como dizem os Evangelhos, na outra ponta de uma Natividade durante a qual escrevo estas linhas, mas naquela do Tempo, por serem esta abertura, este buraco, por romperem o curso dos dias e das coisas, eles não têm passado, mas têm futuro; não têm gênese, mas têm posteridade; ainda que sejam ilógicos, abusivos, monstruosos, que nenhum princípio de razão baste para explicá-los e para produzi-los, em suma, ainda que não façam totalmente parte deste mundo, eles são do mundo que vem, contribuem para criá-lo e têm, como dizia Jacques Lacan do racismo, *um porvir*.

Já os assassinos do Hamas não têm porvir.

Aqueles que escaparem aos israelenses que os perseguirem e estiverem decididos a alcançá-los onde quer que se encontrem, terminarão – assim esperamos – diante de um tribunal penal internacional.

Pode-se fingir ignorar como agem, no fundo de seus túneis, os chefes das colunas infernais do 7 de Outubro, que ainda fingem querer "negociar"; pode-se continuar a difundir comunicados infames nos quais se reconhecem "erros", *sic*, na gestão do acontecimento; pode-se agir como se fosse possível haver vida após tantas mortes e demonstrar esta obstinação, este cinismo empedernido que permite se exibir no cenário internacional; pode-se se alimentar das cinzas de seus próprios mortos na esperança de manter sua influência sobre os vivos feitos reféns e transformados em escudos humanos; tudo isso só serve para que esses homens sejam alçados, se algo assim existisse, ao mais alto degrau do pódio da infâmia.

Porém, o acontecimento de 7 de Outubro tem um porvir, pois esses grandes criminosos, mesmo não sentando mais em nenhuma mesa de negociação, viraram a mesa.

Eles giraram as mesas de uma História que, desmentindo os hegelianos de domingo, idólatras de uma globalização em que tudo estaria bem no melhor dos mundos e na qual um exército de pequenas mãos trabalharia, à sombra, pela paz civil e internacional, pôs-se novamente em movimento.

Não é mais a História com H maiúsculo, é claro.

E à Razão na História hegeliana sucede uma *desrazão* que não se dá mais ao trabalho de se justificar.

Ainda assim, esses homens sombrios reprogramaram, ou contribuíram para reprogramar, a cartografia, o cenário e, no fundo, o real onde teremos de viver agora.

E o fizeram produzindo três abalos que caberá a cada um avaliar se são sismos engendrando configurações inéditas – ou se foi, surgindo de um alçapão cuja porta foi arrancada numa nuvem, não de poeira, mas de sangue, a revelação, no calor do Acontecimento, de uma colônia de germes que já estavam ali, no fosso, não só de Gaza, mas também do mundo.

# Amaleque, o inimigo dos judeus

O primeiro desses abalos visa à alma judia – e toca direto em seu coração.

Não é a primeira vez que Israel é forçado à guerra.

Nem a primeira vez que é atacado em tantas frentes – Gaza, Hezbollah, grupos jihadistas da Cisjordânia, Irã, houthis do Iêmen, Síria, milícias xiitas do Iraque.

Mas esse abalo seria causado pelo assombro diante desta nova conjuntura?

Pelo número de mortos?

Pela quantidade de reféns cuja causa é sagrada para Israel?

Seria pelo sentimento de cair na armadilha de duas injunções que, pela primeira vez na História judaica, parecem tragicamente contraditórias? Eliminar o Hamas *e* libertar os reféns; perseguir os combatentes em seu dédalo de túneis *e* resgatar as crianças, as mulheres, os homens que os chantagistas têm na sua mira, veem como uma moeda de troca e não hesitarão em executar quando o comando israelense se aproximar e de repente a moeda perder seu valor no mercado da vida e da morte. Em suma, seguir o mandamento de Maimônides, que, na *Mishnê Torá*, faz do "resgate dos prisioneiros" a primeira das *mitzvot*, o mais santo dos preceitos, uma missão da qual não se pode abdicar sem transgredir "sete mandamentos" da Torá *e* desarmar uma organização terrorista que faz desses prisioneiros sua arma absoluta?

Seria a festa *rave* Nova e os 364 adolescentes que, ao festejar em Reim, foram mortos como coelhos?

Ou a couraça de invulnerabilidade do Estado dos judeus que bruscamente se rompeu?

Israel foi um atordoamento.

E, para os judeus do resto do mundo, um mergulho num abismo desconhecido.

Os judeus franceses acompanharam o suplício de Ilan Halimi.*

No caso de sua homônima Sarah Halimi,** viram a justiça excluir a culpabilidade de seu assassino.

A matança de Toulouse, em 2012;*** o massacre do supermercado Hyper Cacher,**** em Paris, em 2015; a morte de Mireille

* N.T.: Uma gangue conhecida como "Os Bárbaros" sequestrou e torturou Ilan Halimi, de 23 anos, por mais de três semanas. O corpo do jovem foi encontrado perto de uma linha ferroviária, na periferia de Paris.

** N.T.: Em 2017, a médica e professora aposentada Sarah Halimi foi assassinada por seu vizinho, Kobili Traoré, enquanto dormia. A justiça francesa decidiu que, devido a um surto psicótico provocado pelo consumo de maconha, ele não era criminalmente responsável.

*** N.T.: Em 2012, o terrorista Mohammed Merah matou quatro pessoas, um professor e três crianças, na frente da escola judaica Ozar Hatorah, na cidade de Toulouse. Depois de um cerco de 32 horas, o terrorista foi morto pela polícia.

**** N.T.: Em 2015, um mercado da Porte de Vincennes, em Paris, sofreu um ataque terrorista islâmico e antissemita, perpetrado por Amedy Coulibaly, que, na véspera, assassinara uma policial. No mercado, matou 4 pessoas e tomou 17 outras como reféns. Foi morto pelas forças policiais alguns dias depois.

Knoll, sobrevivente do Holocausto, esfaqueada em casa, em 2018, haviam revelado esta evidência desconhecida nos anos 1930: a França dos direitos humanos e de Voltaire voltava a ser um país onde se podia morrer por ser judeu.

Nas cidades francesas de Marselha, Créteil ou Avignon, quem usava quipá nas ruas sentia medo.

Jornalistas ou intelectuais de confissão, tradição ou afirmação judaica viviam sob proteção policial.

A maioria resistia. Eles sabiam que haviam construído a França e que não podiam deixá-la se extinguir, desertando. Diziam, alto e forte, o quão terrível seria a derrota moral que cedesse o país de Chrétien de Troyes* e Rashi,** de Racine e Proust, a analfabetos que só os atacavam porque eles eram a flor da França. Mas resistiam mais ainda porque tinham em mente a ideia de um Israel de pujança que, com seus desertos arados e transformados em laranjais, sua pedra branca debruada por um sol implacável e clemente, sua hiperdemocracia sem Constituição, mas vivaz, seu Exército invulnerável e, até então, invencível, era sua segurança contra o pior.

Mas então a segurança se deteriora.

O refúgio se torna armadilha e, no lugar símbolo do "nunca mais isso", o "isso" volta como um raio.

O pesadelo europeu de Emmanuel Levinas, a perspectiva, evocada em *Noms propres* (Nomes próprios), de ver "um vento glacial" soprar nas casas dos judeus de Paris e de Berlim, "arrancar drapeados e tapeçarias" acumulados ao longo de gerações e varrer todos os "pobres esplendores" de suas vidas que se tornaram "andrajos" de que "impiedosas multidões" vão se apossar, "ululando" horrivelmente, essa visão apavorante se torna possível na terra de Israel e vai, a partir de Israel,

---

* N.T.: Chrétien de Troyes (1135-91) foi um poeta e trovador francês do final do século XII.

** N.T.: Rabi Shlomo Yitzhaki, rabino francês conhecido como Rashi (Troyes, 1040-1105), foi um comentarista dos livros sagrados Talmude, Torá e Tanach.

como se ali tivesse encontrado um novo fôlego e impulso, voltar para a Europa, para os Estados Unidos, e espalhar-se por toda parte.

Quanto a mim, não acreditei que Israel estivesse ameaçado de aniquilação.

E observo a relativa moderação com que os Estados árabes, signatários dos acordos de Abraão e preocupados com seus interesses geoestratégicos no longo prazo, reagem a tudo isso.

Porém, existe a geopolítica e existe a outra geografia, a dos sonhos, dos medos e dos imaginários.

E, nesse outro espaço, nesta ordem geossimbólica que ainda assim determina o modo como os homens se mantêm neste mundo, o balanço é definitivo.

Sete de outubro marca o alinhamento, para pior, de Israel com a diáspora.

São os dois caminhos do judaísmo que são postos no mesmo regime e se cruzam.

E é esta força judaica, material e espiritual, essencial à sobrevivência dos judeus reais, como mostrei em *O espírito do judaísmo*, que deixa transparecer sua fraqueza secreta.

Não há lugar neste mundo onde os judeus estejam protegidos, esta é a mensagem.

Não há terra, neste planeta, que seja um abrigo para os judeus. É isso que enuncia o acontecimento.

Nunca, em lugar algum, dirão que os judeus podem viver pacificamente no mundo, e isso até o fim dos tempos. Essa é a verdade que parece saltar aos olhos.

É Amaleque que retorna.

É o inimigo mais antigo do povo judeu, aquele que se declarou logo após a partida do Egito, antes mesmo do Sinai, e que sai do limbo, resfolega e se espalha por tudo.

É este negacionismo radical que, de avatar em avatar, desde o tempo de Hamã, vizir de Susa, alimenta o projeto de uma "solução final", que Hitler foi o último a encarnar. É esse personagem aterrador que não tem outro atributo e vontade a não ser o originário, radical e eterno ódio dispensado aos judeus. Desde que há judeus, basta a menção ao nome desse Amaleque para fazer tremer dos pés à cabeça os judeus piedosos do mundo e alguns outros; é ele, Amaleque, que se faz lembrar e vem nos dizer que nos acompanhará sempre, até o fim, como um destino ruim.

Também Amaleque sabia que perderia a guerra.

Não ignorava que, ao mergulhar na "banheira escaldante" do povo judeu, ele também ferveria.

E, nesse sentido, era o líder dos homens-suicidas do Hamas que se lançavam nas paredes escaldantes da fortaleza de Israel tendo consciência de que ali ficariam.

Mas ele sabia que, ao fazer isso, enfraqueceria e desbotaria a imagem, o prestígio e o brilho de Israel.

Chegamos a esse ponto, pensam os judeus do 7 de Outubro.

Chegamos exatamente a esse ponto em que o virgem, o belo, o vivaz Israel vê esfriar e arrefecer seu esplendor.

E quer sejamos laicos ou místicos, agnósticos ou praticantes, andaluzes, quer privilegiemos o iídiche ou sejamos cidadãos legítimos,* somos todos lançados numa situação que nossos ancestrais viveram e à qual pensávamos ter escapado.

---

* N.T.: Referência à conclusão da atribuição de plena cidadania francesa a todos os judeus da França e da Argélia, em 1870, a partir de um decreto de Adolphe Crémieux, que incluía os judeus dessa colônia francesa à época.

# QUANDO O MAL É RADICAL

O segundo abalo foi o da consciência universal.

Não há questão mais obsessiva, para a humanidade moderna, do que a do mal que o homem pode fazer ao homem.

Tampouco há, no Ocidente, outra questão mais metodicamente evitada.

O papel das religiões foi ensinar que o Mal será expiado e que não se deve alimentar a ideia de que o mundo não passa de um vale de lágrimas.

A história do trabalho da Filosofia pode ser lida como um esforço para encontrar a perspectiva correta a partir da qual, quando se consegue permanecer nela, o mal parece um simulacro (Platão); uma ilusão de ótica (Descartes); a visão curta de uma mônada fechada à contemplação do Todo (Leibniz); um momento de uma dialética que trabalha para a transfiguração do amontoado de pequenas misérias com que criamos uma história (Hegel).

E depois vieram os modernos, que, mesmo com a experiência das duas Guerras Mundiais sucessivas, empenharam-se para nos convencer de que o Mal pertencia ao passado: alguns, ex-combatentes da Primeira Guerra, inventaram a ficção de um socialismo que resolvia as contradições que provocavam a infelicidade dos homens; outros, sobreviventes da Segunda, acreditaram num futuro feliz em que se aprenderia com a catástrofe que quase destruíra a Europa e o mundo; outros ainda chamaram de Fim da História um mundo simplório e pacificado, onde o capitalismo globalizado permitiria a cada indivíduo acomodar seus desejos e necessidades aos do seu próximo; até esta sequência ainda assombrosa em que, ao termo da transformação do mal em doença e da política em clínica – que continuo denunciando desde a publicação de *La Barbarie à visage humain* (A barbárie de rosto humano) –, os afortunados do mundo convenceram os malfadados a se enclausurarem *juntos* para fazer face a um vírus decretado inimigo comum, deixando em segundo plano o mal que o homem faz ao homem.

É claro que não era nada disso.

Eu nunca engoli essa bobagem.

Porém, quando novos genocídios desmentiam a fábula do "nunca mais", de Bangladesh a Darfur, passando por Ruanda, preferíamos achar que era distante e não nos dizia respeito.

Quando, em Angola, Burundi, Somália, Afeganistão – em todas as "guerras esquecidas", cujos magros arquivos passei uma parte de minha vida recolhendo –, o crime reinava e mergulhava a humanidade no "chorume de fogo" evocado por René Char, poeta do "L'Eclair"* e capitão Alexandre dos maquis da Resistência

* N.T.: A expressão *L'éclair me dure*, no poema de mesmo nome de René Char (1950), evoca a experiência do tempo.

Francesa, o hegelianismo vulgar que servia de breviário à nossa época respondia: isso é periférico, epifenomenal, províncias de um império concluindo sua organização e tolerando, em suas margens, vagas convulsões...

E quando a terra queimava na Bósnia ou na Argélia, quando a Rússia lançava em 2014 e, em 2022, acelerava sua invasão da Ucrânia e a incendiava, sempre havia hábeis dialéticos para seguir os caminhos dos piromaníacos e ver nestas arritmias as últimas notas dissonantes de um concerto das nações em busca de harmonia.

E veio o 7 de Outubro.

Talvez tenha sido porque era Israel, este país diferente dos outros, onde, desde a saída do Egito, nada do que acontece é para pior e, às vezes, melhor, indiferente ao restante das nações.

Talvez seja porque, tendo contraído o hábito inédito, em Raqqa (Síria) e em Mossul (Iraque), de filmar suas proezas, os islamistas se mostraram nas redes sociais, orgulhosos destas cabeças decapitadas, destas mães empaladas, destes pais supliciados.

Talvez tenha sido, ao contrário, o pudor tão profundamente judaico que, repercutindo o interdito sinaítico de idolatrar ou ilustrar o inimaginável, impediu os israelenses de divulgar esses vídeos e deu, paradoxalmente, mais nitidez às imagens ocultas.

Talvez tenha sido a coragem dos sobreviventes que – citando a última frase do romance *Château d'Argol** – sentiram o "brilho gelado de uma faca deslizar entre seus ombros como um punhado de neve" e escaparam, por sorte ou por um milagre da coragem, à hecatombe e contaram imediatamente tudo àquelas e àqueles que fizeram a viagem: não foram ouvidos por muito tempo, mas, na estreita janela que o Espetáculo mundial lhes abriu, ofereceram relatos pungentes que abriram caminho, por um instante, nas mentes.

* N.T.: *Au château d'Argol* é o primeiro romance de escritor Julien Gracq, publicado em 1938.

Houve a imprensa, toda ela, inclusive a menos simpática a Israel, e que, assombrada, antes de se recompor e se dedicar a relativizar, apequenar e, se possível, apagar o acontecimento, que demonstrou talento e enviou seus melhores repórteres investigativos para recolher e documentar esses horrores. Penso, em especial, na longa investigação do *New York Times*,[3] que descreveu uma mulher arrancada de uma caminhonete como um animal de abate e estuprada por cinco homens antes de ser morta a facadas; outra, na qual se pregou, por diversão, depois de tê-la violentado, dezenas de pregos na virilha e nas coxas; duas outras, assassinadas com um tiro na vagina; mais uma, cujos seios foram decepados com um estilete por um homem enquanto outro a penetrava; e outra – ainda segundo o *New York Times* – cujo rosto foi retalhado antes de ser decapitada.

Houve o número de crianças mortas, 36, e o escândalo absoluto que é, por toda parte, tanto em Kfar como em Gaza, o sofrimento de crianças inocentes.

Houve, dentre essas crianças, os dois bebês – Mila Cohen e Kfir Bibas* – ela, metralhada; ele, sequestrado. Essas crianças que não falam... esses humanos que só são humanos por sua carne e que, por isso, o são mais ainda talvez do que os homens feitos... essas criaturas nuas, puras da violência, do desprezo, da tolice, do orgulho, da vaidade, da traição, da mesquinharia, dos outros humanos... essas criaturas que são pura pureza, pura inocência, página branca que espera ser escrita pela vida... para mim, o respeito que ainda temos por esses seres é uma das raras coisas que permanecem, na nova multidão dos homens, da lembrança de um Deus transformado numa pura figura do espírito... esses bebês não eram a prova infalsificável da insustentável crueldade do Hamas?

O que não se quisera ver na Argélia, na época em que emires circunstanciais trinchavam os bebês em fatias e André

* N.T.: Assassinado e devolvido com seu irmão Ariel, em 20 de fevereiro de 2025.

Glocksmann e eu urrávamos de raiva; o que se recusara a ver na Síria, onde um ditador ordenava que seus adversários fossem dissolvidos em banhos de ácido, que suas mulheres fossem estupradas diante de seus pais e que seus filhos, na região de Ghouta,* fossem atingidos por gases proibidos; o que eu filmara na Nigéria, onde as milícias de Boko Haram** e seus ajudantes fulani*** esquartejavam os cristãos, como em Ruanda, às machadadas, tudo isso tínhamos diante de nós; todas as máscaras mais ou menos salpicadas com que se enfeitam, em geral, os assassinos caíam aos pés desses "libertadores" que telefonam para casa, com uma massa sanguinolenta nos braços ou a seus pés: "Mamãe! Esquartejei dois judeus! Três! E não vai parar por aí! Tenha orgulho de mim!";[4] e todas as estratégias para evitar e conter, todos os artifícios da consciência, toda a retórica conjuratória que aprimoráramos nos últimos 20, 50, 80 anos, tudo isso era pulverizado pelo acontecimento.

O mal estava ali.

O mal puro, a descoberto, gratuito, insano.

O mal por nada e sem razão, o mal em carne viva e sem roteiro.

O mal que não tem mais nem o poder como motivação, nem o sofrimento como memória, nem o espaço vital ou a vontade de curar-se como obsessão, o mal que não tem mais nada a ver com uma guerra entre etnias, nações ou ideologias.

O mal, o verdadeiro, aquele dos trilhos vazios de Auschwitz, dos arrozais repovoados de Kandal Stueng e, para os armênios, das marchas da morte no deserto de Deir ez-Zor.****

---

* N.T.: Referência ao ataque químico com gás sarin, na região agrícola na periferia de Damasco, em 2013, durante a guerra civil síria.

** N.T.: Boko Haram é uma organização jihadista fundamentalista islâmica sunita.

*** N.T.: Tribos nômades dispersas na África Ocidental, Central, Sudão do Sul e Darfur; calcula-se seu número entre 25 e 40 milhões de pessoas.

**** N.T.: Desde 1915, Deir ez-Zor era um dos principais destinos das marchas da morte, às quais os turcos condenaram centenas de milhares de armênios. Essas marchas representam, para os armênios, o que Auschwitz simboliza para os judeus.

A Besta, aquela dos primórdios, tal como surgiu no primeiro dia ou, para dizer na língua dos judeus, no crepúsculo do sexto dia, algumas horas antes da introdução do homem no Jardim do Éden.

A Serpente, que o tempo não mudou e que permanecera escondida nas fibras do humano conforme nosso entendimento.

O mal imediato, sem mediação, tautológico; o mal animado apenas pela paixão de si mesmo; resumindo, o mal da devoração do homem pelo homem.

Não é mais a alma judia, ou israelense, aqui mortificada, é a consciência de todos.

Não era mais apenas um *pogrom* monstro que levava a memória judaica a retroceder 80 anos: era uma outra ferida que se produzia na ordem das coisas, que mantinha, mal ou bem, o mundo *justo* acima do abismo moral de sua base que as atrocidades continuavam corroendo.

E por um instante, muito curto infelizmente, curto demais, mas ainda assim longo o suficiente para se inscrever, tal como uma data infame, no calendário dos homens que juraram guardá-lo na memória, o mundo foi tomado por uma angústia brutal, devastadora, atordoante, diante do espetáculo dessa Besta desenfreada, e à mostra, que descobrimos ávida de carne judia e, portanto, de carne humana.

Depois disso, sempre poderemos tentar acobertar a coisa com verborreia, má-fé e tuítes sem fim.

Poderemos, e nos empenharemos para fazê-lo, nos lançar numa reescrita frenética, metódica, da sequência inteira.

Todo mundo viu, todo mundo soube, todo mundo reconheceu a paisagem de um inferno banhado somente por sangue, fogo e ferro.

O mal estava ali, e ele galopava no pedaço de terra que o diabo lhe oferecera.

O mal estava de volta, tonitruante, insaciável, numa paisagem devastada onde a luz iluminava apenas o vazio.

O mal radical.

# O Império do Hamas

E, depois, o terceiro abalo.

Por um instante, por um curto instante, o mundo viu algo diferente do que queria ver.

E o que viu foi um planeta que se imobilizava e depois se punha novamente em movimento, mas em novos parâmetros.

Em 2018, escrevi um livro – *L'Empire et les cinq rois* (O Império e os cinco reis) – em referência à história bíblica dos cinco reis que Abraão combateu para salvar seu sobrinho Ló.

Nele eu descrevia um Império – ou seja, a Europa, sua excrescência estadunidense e todos aqueles que, no restante do mundo, têm fé nas Luzes ocidentais – recuando por toda parte, tanto nas mentes quanto nos territórios.

Eu mostrava como o espaço deixado por essa retirada abria brechas a cinco reis, cinco potentados, que reinavam em países que outrora sediaram poderosos impérios e que aspiravam ter novamente esse papel.

Minha tese era a de que esses cinco reis – a Rússia, a China, a Turquia neo-otomana, o Irã dos aiatolás e os califas ou aspirantes a califas do jihadismo – estavam dispostos a se desfazer de seus antigos rancores se esse fosse o preço a pagar para ressuscitar a glória de Pedro, o Grande, das dinastias Qing e Ming, dos vizires otomanos, dos xás da Pérsia ou dos sultões omíadas e abássidas.

O livro fora escrito à luz da guerra contra o Estado Islâmico, também conhecido como Daesh, do papel nela desempenhado pelos curdos e, depois, durante a Batalha de Kirkuk no Iraque (o equivalente, a meu ver, das batalhas que puseram fim, na Antiguidade, à hegemonia de Esparta, de Atenas ou da Macedônia), da desenvoltura com que seus aliados ocidentais os descartaram quando já não lhes serviam mais.

Pareceu-me que a tese do livro se confirmou com a Guerra da Ucrânia, quando se viram os mesmos cinco, seguidos pela Coreia do Norte, extasiada consigo mesma, e novamente unidos contra um Ocidente que ora se reerguia, ora parecia um gigante com pés de concreto, mas cabeça de argila, mistura desconcertante de autoridade e de comedimento, de extrema força e de falta de coragem.

Ora, os cinco continuam sua escalada, consolidam sua aliança e nos submetem a um novo desafio – mas, desta vez, no *front* de Israel.

O que era verdade na história curda, depois ucraniana, é também com o Hamas – só que ao contrário, e do lado negro da força.

E é em torno dele, em torno desse minúsculo Hamas, deste Liliputе bárbaro no qual se teria confiado apesar de tudo, que os planetas negros se realinham e que o novo mundo se recompõe.

A diferença da época de *L'Empire et les cinq rois* é que os Estados Unidos não parecem mais o mesmo império titubeante, aturdido, prestes a abdicar e atirar sua coroa longe.

Mas os reinos revisionistas, sim, estão presentes.

E os reencontramos, todos os cinco, animados como nunca e prontos a participar do jogo.

Vimos isso imediatamente nas forças sunitas aliadas naturais do Hamas: dançou-se em Cabul; urrou-se, em Islamabade, que Bin Laden estava vingado. No Qatar, não passou pela mente de ninguém incomodar Ismail Haniyeh e seu bando que, até nova ordem, eram os chefes supremos do Hamas – pediu-se no máximo, mas educadamente e após muitas tratativas, que fechassem suas luxuosas casas de veraneio e tirassem férias bem merecidas na Argélia ou em outros lugares.

Isso ficou claro com Erdogan, grande mestre na Irmandade Muçulmana que tinha o Hamas na vanguarda. Ele não perdeu um minuto sequer para dissipar a ambiguidade que algum gesto de aproximação com Tel Aviv – devido a seus interesses estratégicos no setor de gás – pudesse ter criado. Em 25 de outubro, declarou que "o Hamas não é uma organização terrorista", mas "um grupo de *mujahidin* que defende seus territórios". Foi visto usando um *keffiyeh*, lenço símbolo da resistência palestina, durante uma manifestação gigantesca no antigo aeroporto de Atatürk, em Istambul, onde disse "ao mundo inteiro" que Israel estava cometendo imperdoáveis "crimes de guerra". Depois, em

27 de dezembro, em Ancara, este grande humanista de quem ainda esperamos, um século depois, que reconheça o genocídio armênio e se abstenha, no Azerbaijão, em Nagorno-Karabakh, de perpetuá-lo, comparou Netanyahu a Hitler, e os campos de refugiados palestinos aos campos nazistas. Nem sua presença na Otan, nem a dependência econômica que ele tem dos Estados Unidos o dissuadiram, em 12 de janeiro de 2024, de anunciar que seu governo dispunha de "provas sólidas" das atividades "genocidas" de Israel e que as forneceria de imediato à Corte Internacional de Justiça, que estava examinando a acusação feita pela África do Sul.

O Irã começou negando.[5] E talvez em lembrança dos bons tempos da grande obra que foi, para o presidente Obama e seu vice Biden, o acordo nuclear com Teerã, a administração norte-americana fingiu confirmar, nas primeiras horas, que não havia "provas" de sua implicação "direta" no ataque. Mas logo se soube, pela agência oficial de imprensa iraniana, de uma reunião, em 14 de outubro de 2023, em Doha, entre Ismail Haniyeh, que ainda não partira para a Argélia, e o ministro iraniano das Relações Exteriores, Hossein Amir-Abdollahian. Depois outra, em 27 de outubro, em Moscou, entre o vice-ministro iraniano Ali Bagheri e outra delegação, de menor escalão, da organização terrorista. E mais outra, em Teerã, provavelmente no início de novembro, entre Ismail Haniyeh e o guia supremo em pessoa, o aiatolá Khamenei. E se ficou sabendo que houvera outras, várias outras, ainda em agosto, em setembro, antes do acontecimento, portanto, e que, segundo "fontes do alto escalão do Hezbollah e do Hamas" citadas pelo *Wall Street Journal*, representantes da Guarda Revolucionária e o próprio ministro Abdollahian, em pelo menos dois momentos, teriam auxiliado a "preparar" a operação, teriam "ajustado os detalhes", dando em 2 de outubro, em Beirute, o "sinal verde" para sua execução. Para quem ainda duvidava, o ministro da Cultura, general reformado da Guarda Revolucionária, Ezzatollah Zarghami, deu à história o carimbo que lhe faltava: numa entrevista divulgada pela agência pública *Mehr News*, afirmou que não tinha "medo de ninguém" e confessou sem dificuldade que seu país enviara ao Hamas mísseis balísticos Fadjr-3, do tipo que serviu para atacar Israel. Para que o quadro fique completo, acrescente-se o Irã fora do Irã. Ou seja, os tiros do Hezbollah na fronteira norte do Estado Judeu. Mas também a entrada em cena, menos esperada, de dois outros satélites de Teerã. As milícias xiitas iraquianas multiplicando os ataques contra as posições norte-americanas do Curdistão sírio e iraquiano. E os houthis do Iêmen que, equipados com um arsenal único na região – com drones, mísseis balísticos de médio alcance e mísseis antinavios, apoiados por um navio-espião da Guarda Revolucionária que mal se esconde ao guiar seus ataques – perseguem, no mar Vermelho, os barcos que lhes pareçam manter qualquer vínculo com a "entidade sionista".

A China testava, como na Ucrânia, a capacidade de resistência do adversário no grande confronto futuro? Tirava a temperatura da "armadilha de Tucídides", este momento temível – mas para ela bendito[6] – em que, segundo o historiador grego da guerra do Peloponeso, citado pelo americano Graham Allison, o poder declinante (ontem Esparta, hoje os Estados Unidos) comete o erro fatal de responder pela força ao poder que ascende (Atenas e, agora, a China)? Ou corria, ao contrário, o risco de cair na "armadilha de Heródoto", assim nomeada por mim em *L'Empire et les cinq rois*, em homenagem ao grande historiador das guerras médicas que conta a vitória, no final, da democracia sobre a tirania persa? Pensava em assoprar o fogo em Taiwan e pretendia verificar, antes disso, se a ferida dos Estados Unidos aumentaria e a hemorragia de sua influência se aceleraria? Fato é que Xi Jinping, como na Ucrânia, sai de sua reserva e, no momento em que acaba de sufocar o Tibete e aniquilar seus muçulmanos uigures, abstém-se de condenar o Hamas, recusa-se a qualificá-lo como organização terrorista, permite que se veiculem nas redes públicas de televisão e na rede social Weibo *fake news* do tipo "os judeus representam apenas 3% da população estadunidense, mas controlam 70% de sua riqueza", e lidera a cruzada anti-israelense que se prepara nos Brics.

Mas o cúmulo foi Putin.[7] Ele se serviu, aqui e ali, de alguns idiotas úteis para nos apresentar de novo a edificante história do pequeno Vladimir, pobre e perdido, criado por uma família judia à qual permanecia apegado e devia um resquício de filossemitismo. Mas o admirador do czar Nicolau I se lembrou de que a Rússia, na época de sua onipotência, massacrou dezenas de milhões de russos, perseguiu centenas de milhares de judeus e previu, nos últimos tempos do stalinismo, tomar sua justa parte na "solução final do problema judeu". E, sobretudo, o membro da KGB das mil mágicas, o rebelde coroado que sempre viveu de complôs, de assassinatos, de peões que se avança e peões que se executa, de poder arrancado a metralhadoras e subornos, o *Mad Max* pós-moderno que substituiu as motos do apocalipse por canhões e mísseis hipersônicos e que gosta de receber a bênção de patriarcas de Rolex que usam o cucúlio como Átila usava seus elmos, está consciente do proveito que pode tirar desta nova guerra, a qual está desviando a atenção do mundo dos crimes que ele perpetra na Ucrânia. Então, ele solta a matilha de seus mercenários. Permite a seus asseclas que reacendam o velho antissemitismo nacional e avisem os israelenses de origem russa que não serão bem-vindos quando fugirem, sob as bombas, como galinhas molhadas, de sua famosa "terra refúgio". Não esconde que os dirigentes do Hamas se encontraram duas vezes, em setembro de 2022 e em março de 2023, com Sergey Lavrov e que seu objetivo manifesto era "enfraquecer o Ocidente"; e que eles se dirigiram a Moscou para encontrar oficiais iranianos; e é com grande pompa e tapete vermelho, sem condenar o massacre, que o Kremlin os recebe, mais uma vez, logo após 7 de Outubro.

O círculo era quase perfeito.

E é exatamente o mesmo quadro, mas piorado, que se esboçou na época da guerra curda e, depois, delineou-se com a Guerra da Ucrânia (que, de resto, continua avançando num mundo onde tudo, de repente, se divide em dois: a atenção da opinião pública, a vigilância das chancelarias e até a ajuda militar que alguns, esperando Trump e aproveitando a desorientação geral, desejariam pura e simplesmente suspender).

Dirão que, desta vez, não é um abalo de fato, já que se trata do mesmo cenário?

E não são, desta vez, os velhos alçapões e fossos da Europa (e dos Estados Unidos) nos antigos parapeitos que liberam seus eternos Norpois,* seus Munichois** sem fronteiras e seus venenos?

Sim e não.

* N.T.: Personagem da obra *Em busca do tempo perdido*, de Marcel Proust, o marquês de Norpois é um hábil diplomata e membro da Academia Francesa.

** N.T.: Referência aos partidários do Acordo de Munique (anexação dos Sudetos), assinado por Inglaterra, França, Alemanha e Itália, em 1938, indicando aqueles que cedem diante de uma demonstração de força em política internacional.

De fato, eram como placas tectônicas que roçavam, deslizavam, entravam em contato, sobrepunham-se, soltavam-se e encontram, ali, seu exato ponto de encaixe.

E, para o "pintor das batalhas" de hoje, é um panorama no qual subitamente tudo parece no lugar.

O Hamas não é mais o Hamas, mas o ímã, a espada e o brinquedo de um contraimpério em que se unem os protagonistas das guerras anteriores.

E Israel, reciprocamente, é um pouco mais que Israel e leva, mesmo sem saber, a palavra dos dissidentes e dos uigures chineses; dos blogueiros intrépidos das autocracias árabe-muçulmanas; dos militantes da causa armênia que não aguentam mais, em Istambul, Erdogan e seus contos de grande Turco; das almas destemidas do Curdistão; dos rebeldes que, no Irã, continuam gritando "mulher, vida, liberdade"; dos oponentes que Putin deporta, condena ao exílio interno, assassina – e talvez, apesar dele e certamente apesar deles, dos palestinos em revolta silenciosa contra a ditadura do Hamas.

Nada a ver com uma guerra do Oeste contra o Leste.

Nem com esta guerra de civilizações que alguns, já alinhando suas legiões, desejam.

Ou então, sim – mas, contra a civilização dos tiranos ou, pelo menos, dos demagogos que recrutam advogados tanto no Oeste quanto no Leste e no Sul, é a bela Internacional dos amigos, nos novos e antigos impérios, da liberdade, do direito e do espírito de resistência.

O Maharal de Praga,* em *Netzach Israel*, afirma que, em oposição aos reinos e aos impérios que são extensões, Israel é um

* N.T.: Rabi Yehuda Loew, conhecido como Maharal de Praga, foi um talmudista e cabalista que se tornou lendário pela figura do Golem, ser de argila criado para defender os judeus no Gueto de Praga.

ponto, um simples ponto, mas que ponto! O ponto central e oculto, o ponto secreto e essencial, no qual se apoia, na atroz dramaturgia da História, uma parte da sobrevivência do ser humano.

E é isso.

Israel não é um peão, mas um ponto.

E é o foco a partir do qual se emitem uma luz e uma palavra sem as quais algo do humano se perderia.

Solidão de Israel, é claro.

Terrível solidão.

Mas, parafraseando Camus, existem mulheres e homens, muitas mulheres e muitos homens que estariam completamente sozinhos sem esse solitário e que, mais ou menos secretamente, mais ou menos silenciosamente, com a audácia que permite sua situação de reféns dos cinco reis, oram, todas as manhãs e todas as noites, para que Israel vença sua guerra contra o império do Hamas.

## SEGUNDA PARTE

# QUANDO O NEGACIONISMO AGE EM TEMPO REAL...

# Apagam-se os acontecimentos

Houve um segundo acontecimento, no entanto, que seguiu de perto o primeiro.

Foi como uma réplica, um segundo ataque, vindo duplicar o outro com uma violência surda, mas igualmente devastadora.

Esse acontecimento número dois consistiu em amortecer, recalcar, tentar *esquecer* o alcance do primeiro.

Sobre a realidade dos fatos,[8] não havia evidentemente dúvida.

Os próprios assassinos os haviam documentado, com uma câmera GoPro colocada na frente ou no guidão de sua moto.

E, enquanto Stalin mandava ligar os motores dos caminhões para cobrir os gritos dos torturados da Lubianka, a antiga sede da KGB, enquanto os nazistas apagavam os vestígios do extermínio, e os deportados levados às câmaras de gás acreditavam, até o último instante, que deviam fazer fila, dobrar suas roupas com dignidade e caminhar até o chuveiro, os terroristas assumiram seus crimes e os postaram no TikTok.

Ora, imediatamente apareceram maus espíritos dizendo que não tinham visto nada ou que não acreditavam no que viam.

Assistiu-se a uma nova disputa de imagens em que se envolveram todos os conspiracionistas da França, de Navarra e dos Estados Unidos, e que me lembrou do debate tardio, lançado por Jean-Luc Godard, sobre a ausência de imagens das câmaras de gás: "As imagens... oh"! as imagens... não querem dizer nada, de todo modo, as imagens... elas dizem o que quisermos...". Claude Lanzmann, Godard e eu quase fizemos um filme sobre isso.*

Os poucos testemunhos que, feitos no calor da hora, no fogo da emoção, mostraram-se frágeis, apressados ou falhos serviram para lançar suspeitas sobre os outros, todos os outros, os relatos dos fuzilamentos, das mutilações, dos estupros, e retomar a ladainha do "nada... não vi nada... nada em Be'eri... nada aconteceu em Kfar Aza... tudo não passa de mentira, intoxicação, montagem...".

Uma assessora[9] de David Cameron, ministro britânico das Relações Exteriores, encarregada do combate às violências contra as mulheres, associou-se a uma petição que colocava em dúvida as informações do artigo do *New York Times*. "Estupros?", questionava o documento. Ainda não temos provas disso e, quando existem, nada garante que tenham sido cometidos pelo Hamas e não

---

* N.T.: Referência ao projeto do filme *Pas un dîner de gala*.

pelo Exército israelense. O depoimento das mulheres é sagrado? No clima instaurado pela liberação da fala, a nova norma não é ouvir primeiro a vítima e depois confrontá-la com seu estuprador presumido? Sim. Mas não se a mulher for israelense. Não se ela for uma das mulheres de Kfar Aza, sobreviventes da caçada de 7 de Outubro e que ainda tremem de medo, com voz trêmula, olhos secos de chorar demais, quando conseguem testemunhar. A fala das vítimas, dizia a petição, é um instrumento de "propaganda" a serviço da "ocupação", do "genocídio" e da "limpeza étnica".

Na França, um jovem deputado do partido France Insoumise (França Insubmissa) – partido que, desde sempre, faz questão de se submeter a todos os tiranos que passam debaixo de seu nariz (Chávez, Putin, Bashar al-Assad, cujos crimes de guerra seriam apenas "conversa fiada"; o Irã e sua "resistência" ao "império americano"...) – acrescentou uma variante especialmente obscena, ironizando, em Túnis, diante de um público insolente e cúmplice, os relatos desses crimes que, de fato, lhe lembravam alguma coisa: "Ah, claro!", exclamou. "Mas é claro! Sabra e Chatila... 1982... então é Israel!".

Seu líder, Jean-Luc Mélenchon, foi um pouco mais prudente, mas ainda assim perverso: absteve-se, em 7 de Outubro, de condenar o Hamas; recusou-se a falar de "terrorismo" para caracterizar as mortes e os sequestros. E reservou suas flechas, três dias depois, num acesso de fúria lunático, a seus inimigos declarados do Conselho Representativo das Instituições Judaicas da França (CRIF) que, numa manifestação nas ruas de Paris, alinhavam-se ao "governo de extrema direita israelense" e impediam "a solidariedade dos franceses com o desejo de paz".

Ele repetiu o feito nas semanas seguintes, prosseguiu, exaltou-se e o fez com um estranho empenho que me lembrou da época em que, jovem socialista, ficava doente por não ser amado por

François Mitterrand, desprezado por camaradas do primeiro escalão da hierarquia marxista e que estavam por cima, e incapaz, fizesse o que fizesse, de alcançar a frieza especulativa que lhe parecia o máximo da mestria política: vimos, então, este radical de mentirinha, este velho social-democrata que, parodiando Gide, fizera-se revolucionário do dia para a noite, este Robespierre fantasiado de Tartarin,* esse pretensioso servindo-se da dialética, que ora defendia sanções econômicas contra Israel, inspiradas na "experiência das lutas" dos "camaradas sul-africanos", ora discorria como um aplicado mau aluno – como a "caracterização organização terrorista" é sempre "resultado de uma relação de forças", não "faz sentido", neste "contexto", qualificar o Hamas de entidade terrorista –, ora choramingava que se sentia (*sic*) "abandonado" pelos judeus.

Suas análogas norte-americanas, as deputadas do Squad, o Esquadrão, que também se declaram progressistas, mas que, há muito tempo, disseram adeus ao humanismo universalista e às Luzes, seguiram o mesmo caminho: Rashida Tlaib, representante do Michigan,[10] indicou seu apoio à "resistência palestina" e sua reprovação ao AIPAC (American Israel Public Affairs Committee; em português, Comitê Americano de Assuntos Públicos de Israel), este CRIF estadunidense que, a seu ver, tornou-se uma ameaça à democracia.

E quanto aos 240 reféns que viram seus familiares violentados, decapitados, estripados, e levados, como gado, para os túneis úmidos de Khan Yunis, onde alguns foram humilhados, espancados, alimentados com restos ou nem isso, drogados para que ficassem calmos, estuprados, rapidamente foram tidos como se não existissem.

* N.T.: A obra *Tartarin de Tarascon* (1872), de Alphonse Daudet, conta as façanhas imaginadas desse personagem da pequena vila de Tarascon, que lhe dão uma reputação de valentia e grandes proezas.

Exceto em Israel, onde toda a sociedade se reuniu, cada sábado, num movimento de solidariedade semelhante àquele que, antes da guerra, já a havia mobilizado contra a reforma judiciária da Netanyahu, não se viram muros de nomes ou de rostos que permitissem aos mais próximos – e também aos mais distantes – não esquecer, lembrar sua existência aos governantes e lutar contra o silêncio que, nessas situações, é o perigo maior.

Quando meros cidadãos tomavam essa iniciativa, quando faziam o gesto de colar um cartaz perto de casa, em Paris ou Nova York, com o rosto de uma criança detida, outro gesto replicava, inédito na história da militância de rua: não um cartaz diferente, ao lado do primeiro, opondo-se a ele: nem mesmo, como nas campanhas eleitorais, este gesto violento que cobre um cartaz desprezado com outro concorrente. Não, arrancaram-se os rostos. Foi uma febre de rostos arrancados por pais tranquilos e dignas senhoras, rasgando, cortando com estilete, reduzindo em pedaços e descolando fotos das crianças sequestradas. E, quando passantes tentavam impedi-los, ficavam grunhindo, como *A chinesa* de Jean-Luc Godard, ou as tarântulas de Zaratustra* piscando assustadoramente o olho: "Fico desconfiado... desconfio... não sou bobo... não acredito...".

As ONGs que têm a incumbência, em princípio, de dar assistência aos detentos, também não pareciam acreditar; elas se contentavam, tal como a Anistia Internacional, com vagos comunicados, clichês relegados ao fundo de seus sites corporativos; e só se mostraram muito indignadas quando denunciavam a resposta israelense.

* N.T.: Referência ao trecho "Das tarântulas", na obra *Assim falava Zaratustra*, de Nietzsche, que simboliza a vingança e a revanche.

A Cruz Vermelha mostrou o caminho,[11] ao ignorar os prisioneiros, ao recusar visitá-los, ao se informar de seu destino apenas formalmente e ao tratar com uma inútil rigidez uma senhora, sufocando de dor, que só tinha a Cruz Vermelha para suplicar que se encontrasse um meio, qualquer um, para fazer chegar à sua velha mãe os medicamentos sem os quais ela poderia morrer a qualquer momento: "Senhora" – responderam-lhe num tom que cairia melhor numa invectiva aos carcereiros –, "nós não fazemos isso."

Aliás, não. Isso não é exato. A Cruz Vermelha acabou se dando conta da existência desses homens, mulheres, crianças, aprisionados nos túneis do enclave e, às vezes, debaixo do próprio prédio onde ficavam os funcionários. Mas, para isso, precisou de 48 dias e a famosa trégua, de 24 de novembro a 1º de dezembro de 2023, em que se viu o Hamas dizer coisas contraditórias, bem como libertar suas presas a conta-gotas, voltar atrás todo tempo para, no último minuto, retomar o acordo e libertar 105 reféns.

Aí a Cruz Vermelha apareceu.

Ela zelou para que se respeitasse a troca em que um israelense valia três palestinos e que soltava, como bônus, de graça, um punhado de tailandeses.

Mas não se sabia exatamente o que faziam seus representantes quando rompiam com a habitual discrição deontológica e apareciam diante das câmeras: Estariam escoltando os reféns de quem pretendiam nada saber? Ou se emocionavam com os torturadores que víamos pegando um adolescente pelos ombros, ajudando uma senhora a descer o estribo da caminhonete e se apresentando ao mundo como bons meninos atenciosos e educados que temem "o aumento do conflito na região"? Mais um pouco e seriam confundidos com recreadores de uma colônia de férias no final da temporada...

E não apareceu ninguém, enfim, entre esses humanitários "de campo" para objetar contra a monstruosidade semântica que fez com que, no falatório globalizado que orquestrava essa troca, se dissesse sempre "troca de prisioneiros", como se pudessem ser colocados no mesmo plano os criminosos libertados por Israel e que tinham, nas mãos, sangue judeu e palestino, e o pequeno Kfir Bibas, que 103 dias mais tarde ainda não tinha sido trocado e festejava seu primeiro aniversário sozinho, sem família, sem brinquedos, numa provável fossa.

Nesta corrida para invisibilizar os reféns, afastar os mortos e relativizar seu martírio, porém, as Nações Unidas capricharam.

Fazia muito tempo que, aos olhos de muitos militantes dos direitos humanos, a ONU perdera toda dignidade.

Lembro-me da Bósnia, onde não foi capaz, durante quatro anos, nem de designar os agressores, nem de impedir o cerco de Saravejo.

Lembro-me de Ruanda, onde ela esperou o fim das matanças para identificar os genocidas e as vítimas.

Nem falo da Ucrânia, onde ela caiu, por causa do Conselho de Segurança, na armadilha de uma Rússia terrorista e especialista em chantagens de todo tipo.

Mas chega o 7 de Outubro.

António Guterres, seu secretário-geral, dá o tom condenando de início apenas "a ocupação sufocante" sofrida, "nos últimos 56 anos", pelo povo de Gaza.

E é todo seu imenso aparato, suas agências, comissões, subcomissões, concebidos há 80 anos para dar corpo ao sonho kantiano, que se põem em movimento para acusar Israel, denunciar a desproporção de sua guerra e colocar em segundo plano o acontecimento de 7 de Outubro.

Por exemplo, Francesca Albanese, relatora especial da situação dos direitos humanos nos territórios palestinos ocupados,[12] mal evoca o massacre e se concentra na resposta, que qualifica de "monstruosidade de nosso século".

Ou a organização ONU Mulheres, que espera dois meses, como muitas organizações feministas nos Estados Unidos, para denunciar firmemente os feminicídios e os estupros cometidos nos *kibutzim* e não se incomoda, neste meio-tempo, em ver sua vice-coordenadora, Sarah Douglas,[13] posar diante de uma bandeira palestina e retuitar dezenas de posts pró-Hamas.

Ou, ao contrário, os protestos veementes,[14] dentro da ONU, contra as raras personalidades que se recusam a absolver o crime inicial: Alice Wairimu Nderitu, conselheira especial do secretário-geral para a prevenção dos genocídios, ameaçada de demissão por ter ousado lembrar que uma vida judia vale tanto quanto uma vida palestina e estabelecido como preliminar para qualquer negociação a libertação dos reféns; ou então Cindy McCain,[15] diretora-executiva do Programa Mundial de Alimentos, censurada por suas equipes por ter, em memória de seu marido, o senador do Arizona John McCain, aceitado o convite para ir ao Canadá, onde se entregava o *John McCain Prize for Leadership in Public Service* a um oficial israelense, que se tornou para seus colegas um nazista.

Já a Agência das Nações Unidas de Assistência aos Refugiados da Palestina no Oriente Próximo (UNRWA),[16] encarregada do essencial da ajuda humanitária aos palestinos, merece uma menção especial, pois hoje se sabe que foi parte do crime. Em 6 de janeiro de 2024, foi encontrado um arsenal de lança-granadas num ambulatório de Khan Yunis que ela administrava. Uma oficina de fabricação de foguetes é desmantelada na casa vizinha à sua escola de Beit Lahia, no norte de Gaza. Segundo um relatório que monitora seus programas pedagógicos e sua conformidade às normas da Unesco, vários de seus professores aplaudiram o massacre: um deles o qualificou de "espetáculo esplêndido"; o outro de "primeira verdadeira vitória" no caminho da "libertação" da Palestina; uma terceira celebrou "uma inesquecível e gloriosa manhã". E depois, em 27 de janeiro, o Departamento de Estado dos Estados Unidos e o secretário-geral em pessoa revelaram a notícia que assombrou o mundo: 12 empregados da agência – talvez mais... – envolveram-se e participaram pessoalmente da execução do *pogrom*.

Isso é demais.

Mesmo para alguém que, há lustros, não tinha mais ilusões sobre a ética das Nações Unidas, mesmo para aqueles que viram o Paquistão impor ao Conselho dos Direitos Humanos uma legislação antiblasfêmia ou o Irã presidir, em Genebra, o Fórum Social do mesmo Conselho, mesmo para os espíritos indiferentes que não caíram na risada ao anúncio de que a República Islâmica do Irã, de novo ela,[17] deve assumir a presidência, em 18 de março de 2024, da Conferência do Desarmamento, havia nisso um posicionamento, além de dois pesos e duas medidas, quase inimaginável.

E, um após o outro, lentamente mas com certeza, eram os reféns e os mortos israelenses que desapareciam nesta noite de palavras, de acusações e de mentiras que se abatia sobre o planeta.

Não se trata mais apenas – cantilena conhecida.... – de demonizar Israel.

Nem de se voltar sem constrangimento aos tempos – que, no fundo, nunca deixaram realmente de existir – em que a Unesco igualava sionismo e racismo.

Era um acontecimento fundador que se via, senão negado, pelo menos abafado.

Era o Acontecimento, maior e maiúsculo, que, por um instante, chocara as consciências e que entrava no grupo das peripécias disputadas de um conflito muito antigo.

E era o planeta, o planeta inteiro, que se esforçava para esquecer que, alguns meses, semanas ou dias antes, seu eixo se moveu e que viu se abrirem as portas do inferno e ouviu-se subir o grito que, na câmara de eco dos séculos, revela o pânico diante do surgimento do Mal absoluto.

Raramente o negacionismo terá funcionado tão bem, tão depressa, e em tempo real.

Raramente a borracha para apagar a imundície humana cara a meu amigo Aragon terá trabalhado tão bem.

A Europa, o mundo, podiam voltar a dormir tranquilos.

# As armadilhas do bom senso

Nessa desconstrução metódica do Acontecimento, houve três temas ou, como se diz hoje, três elementos de linguagem que foram ainda mais devastadores porque pareciam se basear no bom senso.

Primeiramente, o "Sim, mas".

O inalterável, indestrutível, eterno "Sim, mas" conhecido pelos profissionais da profissão das escusas.

Sim, de acordo, há reféns – explicou, por exemplo, o comunicado oficial do partido France Insoumise publicado no dia do ataque –, mas eles se inserem "em um contexto de intensificação da política de ocupação israelense em Gaza e na Cisjordânia" (que política de ocupação em Gaza? – questionaram os amigos da verdade. O partido ignorava que não restava mais ali a menor presença israelense, desde 2005 e da retirada decidida por Ariel Sharon? Não tinha ouvido dizer que, como o primeiro gesto dos palestinos fora queimar as sinagogas e as casas que o Tsahal deixara atrás de si, fazia 18 anos que não restava mais nem a sombra de uma presença judaica em Gaza?).

Sim, o *pogrom*, insistiam; sim, o acontecimento minúsculo, maiúsculo, como queiram; mas e o horror do apartheid? Israel não é, como outrora foi a África do Sul, uma sociedade de apartheid? (Tentou-se lembrar a esses ignaros que Israel é um país onde dois milhões de árabes, ou seja, 20% da população gozam dos mesmos direitos econômicos, sociais, cívicos que seus concidadãos judeus; que há mais prefeitos e juízes descendentes dessa minoria do que em qualquer outra democracia no mundo; e que essa minoria é representada, na Knesset, a Assembleia Legislativa de Israel, por vários partidos que se dão ao luxo de odiar o sionismo, mas que não se recusam, no entanto, quando podem, a apoiar a maioria do governo.)

Sim, contornam ainda os defensores norte-americanos e europeus da "política das identidades" e, se possível, das "identidades minoritárias", mas os judeus pertencem à categoria suspeita dos "brancos privilegiados", enquanto o Hamas é um soldado indisciplinado, mas mesmo assim um soldado, do grande exército dos miseráveis em guerra contra o que Jean Genet chamava de "regras brancas" (é constrangedor, aqui, ter de responder... constrangedor acionar, mesmo que pouquinho, a lógica do raciocínio... e constrangedor, para eles, ter de lembrar a essas pessoas que existem judeus e árabes em Israel, mas também drusos, aramaicos, beduínos, circassianos; e que, dentre os judeus, há judeus árabes, etíopes, asiáticos, russos, ucranianos, e tantos outros...

Devemos realmente lhes ensinar que Israel é um país multiétnico, o único da região, e um dos únicos no mundo onde essa aventura foi bem-sucedida a esse ponto?).

Sim, mas a extrema direita choraminga ainda o pensamento que não pensa e que só raciocina em termos de "escalada da violência"... Sim, mas os ministros Ben-Givir e Smotrich, tão difíceis de engolir, que sonham em acabar com Gaza e com os quais Netanyahu, agarrando-se ao poder, vergonhosamente se aliou (Ora! Mesmo sendo uma mancha na biografia já bem sombria de seu primeiro-ministro, esses dois ministros não pesam nada na longa história de Israel! Vamos falar sério! Imagina-se um vizinho da Itália de Meloni, por exemplo, que aproveite sua inclinação pós-mussoliniana, seus posicionamentos sobre os migrantes ou a manifestação, em Roma, de uma tropa de capangas fazendo a saudação fascista sem que ela os condene, um Estado, um proto ou um quase Estado vizinho lançando uma operação punitiva que cause na escala desse país, um número incalculável de mortos?)

Sim, mas "o contexto", insistem, com um ar entendido, os que não se deixam enganar.

Ah, o contexto...

Foi António Guterres, mais uma vez, quem deu o tom, declarando que o ataque do Hamas, por mais tenebroso que fosse, não se tinha produzido "num vazio" e devia ser apreciado em função do "contexto da ocupação por Israel".

Mas essa foi a palavra de ordem retomada em coro por políticos franceses, editorialistas do Sul Global e, nos Estados Unidos, pelos decanos do MIT, de Harvard e da Universidade de Pensilvânia (UPenn), quando a Câmara dos Representantes lhes perguntou se clamar pelo assassinato dos judeus violava ou não as regras em vigor em seus *campi*.

Israel estava se defendendo.

Israel, ferido no coração, estava tentando neutralizar os nazistas que o haviam sangrado.

Israel, encurralado pelos administradores de escudos humanos, entrava na guerra que lhe haviam declarado e, contrariamente a Erdogan, que liquida sem escrúpulos seus curdos, a Xi, seus uigures, a Putin, os ucranianos e os chechenos, entrava nessa guerra – repito – respeitando as leis da guerra. E tudo que se conseguia lhe responder, quando não se exigia uma Palestina "do mar ao Jordão", era "sim, mas".

Um segundo argumento se difunde como um rastilho de pólvora: o do cessar-fogo.

Israel, repito, acabava de ser atacado como nunca antes.

Israel acabava de sofrer um ataque terrorista no mínimo tão impressionante quanto o do 11 de setembro, nos Estados Unidos, ou os atentados contra a casa noturna Bataclan, a sede do jornal *Charlie Hebdo* ou o supermercado Hyper Cacher, na França.

Então, assim como os Estados Unidos invadiram o Afeganistão, onde se escondiam Bin Laden e os seus, como a França atacou Raqqa e Mossul, onde haviam sido planejados os atentados que a feriram, Israel se protege invadindo Gaza.

Só que o tempo passou e o mundo mudou, e Israel faz isso numa conjuntura cujos parâmetros são totalmente diferentes.

1. O partido do terrorismo ficou mais arrojado (não é mais a um Bataclan que se visa, nem a duas torres, mas a um país inteiro, cujo fim foi jurado pelos jihadistas).

2. Ele se fortaleceu imensamente (o Hamas, ao contrário do Estado Islâmico e da Al-Qaeda, apoia-se na poderosa coalizão formada pelos cinco reis e seus aliados).

3. O Estado de Israel encontra-se numa situação diametralmente oposta àquela, outrora, dos Estados Unidos e da França

(diante de um adversário então isolado e sem nenhum dos apoios internacionais com que conta hoje o Hamas, aqueles países tinham a chance de ter formado coalizões numerosas, fraternas e partilhado o fardo militar e moral da guerra – ao passo que Israel deve agir sozinho e contar apenas com suas forças).

Ora, o que se imagina que está acontecendo?

Que grito ecoa, desde o primeiro dia, de todas essas chancelarias que o deixam ir sozinho ao combate?

Cessar-fogo!

Suspensão imediata dos combates!

Sentar-se a uma mesa, depressa, bem depressa, e falar com o Qatar, o Egito, a Argélia, qualquer falso testemunho e verdadeiro amigo dos terroristas capaz de convencê-los a aceitar uma pausa, uma trégua, uma suspensão das hostilidades!

Ninguém pensou – é preciso dizer e repetir – num outro 7 de Outubro, o de 2001, quando os Estados Unidos lançaram, com o apoio dos britânicos e da Otan, sua operação afegã.

Eu cobri a Batalha de Mossul; dediquei um filme a ela; documentei a retomada da planície de Nínive e depois, ao preço de numerosas vítimas civis e de destruições consideráveis, a libertação da cidade histórica, inscrita no patrimônio mundial da humanidade, do profeta Jonas; não me lembro de nenhuma grande democracia lançando um apelo desse tipo naquela ocasião.

E se assim foi, se ninguém sério pensou, então, em impor o cessar-fogo antes de derrotar Al-Qaeda e Estado Islâmico, foi por duas razões.

Ou se fala de um verdadeiro cessar-fogo, isto é, de uma trégua humanitária, e, enquanto escrevo estas linhas, Israel é o primeiro a falar disso e a propor uma pausa que o Hamas recusa – mas não se pode fazer isso apenas no temor e na apreensão; pois, quando se lida com uma organização, um califado ou um Estado terroristas, um cessar-fogo também pode permitir que reagrupe suas forças, reconstitua seus estoques de armas, restabeleça suas cadeias de comando e que recomece, portanto, pior ainda.

Ou então o apelo ao cessar-fogo é uma forma dissimulada de convidar ao realismo, ao acordo e à paz com os assassinos – mas se propôs paz ao Estado Islâmico? Conciliação com Al-Qaeda? E seria razoável permitir à organização, ao califado ou ao Estado terrorista do Hamas não somente se recompor, mas também anunciar vitória, mostrar que sua violência deu resultado e ver crescer, crescer mais ainda, sua aura de Davi árabe que enfrentou o Golias ocidental?

Frequentemente se diz que jihadismo é uma ideia e que não se mata uma ideia com bombas.

Ou, versão simplificada: um jihadista perdido, dez encontrados; os terroristas gostam da morte, eles se alimentam do sangue dos outros, mas também de seu próprio sangue; de modo que a guerra travada contra eles atende a seu desejo, dá-lhes a glória que lhes faltava e desperta vocações.

Isso é factualmente falso.

A derrota do Afeganistão, em 2001, e a morte de Bin Laden, em 2011, certamente não erradicaram a Al-Qaeda, mas enfraqueceram sua aura, destruíram o mito de sua invencibilidade e desencorajaram muitos daqueles que pensavam, ao unir-se ao grupo, lançar-se à vitória.

Desmantelar as estruturas de comando do Estado Islâmico em Mossul, reduzir a quase nada o território de onde operava e, depois, em 2019, matar Abu Bakr al-Baghdadi, seu chefe, não impediram que restassem soldados desgarrados que, até hoje, ainda se reconhecem sob sua bandeira – mas estamos longe da popularidade, da capacidade de mobilização, da força de ataque que o grupo teve no auge do seu poder!

Além disso, acessoriamente, é preciso conhecer muito pouco os povos dessa região para pensar que seriam os únicos no mundo a viver a derrota de um poder bárbaro como uma fonte de embriaguez suplementar, um convite a um novo martírio e um apelo a derramar mais sangue ainda: por que não se daria com a Palestina e os Estados árabes vizinhos o mesmo que com a Alemanha após 1945, cujo presidente Richard von Weizsäcker declarou, num discurso histórico, que a derrota militar foi também para ele uma libertação?

Mas não.

Como se trata de Israel, ninguém quer ouvir essa hipótese.

Como se trata de Israel, 82% dos Estados do planeta exigem dele a reserva que jamais pediram a nenhum outro Estado agredido e ameaçado de ser destruído.

Como se trata de Israel, parte-se do princípio, que em nenhum outro lugar é considerado, ou de que ele não tem o direito de se defender, ou de que deve aceitar um Hamas enfraquecido em suas fronteiras.

E há um terceiro argumento de "bom senso": o do "dia seguinte".

Pois é!

O dia de hoje ainda não tinha terminado e os israelenses já deviam passar ao dia seguinte.

Eles nem tinham secado suas lágrimas, feito seu luto, encontrado seus prisioneiros. Teve um pai que enterrara seu filho,[18] mas ainda corria de uma repartição pública à outra para tentar recuperar a cabeça do rapaz que, segundo se dizia, fora vendida por dez mil dólares num mercado de Gaza. Mas os israelenses já eram solicitados para dizer qual era seu plano, projeto, visão, que futuro imaginavam para um povo palestino cujos dirigentes, por enquanto, só pensavam em aniquilá-los. Os israelenses precisavam travar a guerra mais complexa que uma nação democrática teve de travar nas últimas décadas. Precisavam administrar não somente a proteção dos civis palestinos, mas também, ao sul de Israel, a evacuação de 200 mil civis israelenses e, ao norte, na fronteira com o Hezbollah, a proteção de outros 100 mil. Enquanto organizavam esses deslocamentos inéditos de população em sua história e colossais na escala do país, as milícias xiitas vindas da Síria movimentavam-se, e as cidades da Cisjordânia, após terem comemorado, ameaçavam. E, diante desse drama existencial, viam-se especialistas, generais reformados, um ex-primeiro-ministro nostálgico de uma glória esmaecida da ONU, encher os estúdios de televisão para nos importunar com míseras considerações pseudoclausewitzianas:* "A guerra é a continuação da política por outros meios; não há guerra possível sem ideia clara do objetivo a ser alcançado; e, neste caso, qual é o objetivo? Qual o plano de saída? O que eles têm em mente, estes oficiais israelenses sedentos de vingança?".

Então, é claro que haverá um dia seguinte.

Sempre há um dia seguinte, e tanto os soldados do Tsahal sabem disso quanto os militares de TV.

Mas do que falam exatamente e o que têm em mente estes que ficam dando lições quando dizem, com o rosto grave e contrito, que Israel se tornou um barco sem rumo que não tem plano para o dia seguinte?

Das duas, uma.

Ou a questão é saber quem administrará Gaza amanhã, quem a reconstruirá e como vão ser resgatados os dois milhões

* N.T.: O termo clausewitziano se refere à teoria da guerra desenvolvida pelo militar prussiano Carl von Clausewitz (1790-1831), isto é, ao conjunto de princípios que define o uso político da força, seus fundamentos e leis.

de habitantes de Gaza feitos reféns desde 2007 por dirigentes indignos. Se for isso, pode-se ficar tranquilo. Já há *think tanks* em Cairo, Abu Dhabi, Riad trabalhando nisso. E, em Jerusalém, há um plano – que se pode achar insuficiente, apressado, discutível e que o próprio primeiro-ministro já discutiu quando seu ministro da Defesa o tornou público em 4 de janeiro de 2024, mas ele existe.[19] E ele mostra que o gabinete de guerra tem, senão uma ideia precisa, pelo menos a preocupação do que deve ser Gaza amanhã: instituições palestinas para a administração, países árabes moderados para a reconstrução, um controle tecnológico da fronteira com o Egito e ausência de reimplantação israelense.

Ou, então, pensa-se que o erro dos artesãos dos acordos de Abraão, Israel em primeiro lugar, foi acreditar que a reivindicação nacional palestina se dissolveria por encanto, nas brumas do grande mercado regional em gestação – e entende-se por "dia seguinte" o dia de contrição em que se dirá aos palestinos: "Vocês foram esquecidos, apagados, definidos como perdas e lucros de uma História que não se escreve nunca sem os povos – mas nunca é tarde demais para a reparação e é isso que a comunidade internacional está forçando Israel e fazer...".

Se a ideia for essa, então é preciso ser claro.

Eu também acredito que a História não se faz sem os povos.

Eu também escrevi, e não esperei o 7 de Outubro para isso, que o ponto cego dos acordos de Abraão foi a questão palestina.

E, se quisermos pôr os pingos nos is, estou entre aqueles que desejaram, por toda sua existência, a solução dos dois Estados, isto é, a consideração dos direitos dos palestinos.

O primeiro artigo de minha vida – "Sionismos (no plural) na Palestina" – foi publicado logo após a Guerra dos Seis Dias, na revista *Comité International de la Gauche pour une Paix Négociée au Proche-Orient*...

Que alegria quando acreditei, em Camp David, que o lado palestino aceitava a oferta de Israel!...

Fui um dos padrinhos do Plano de Genebra...

A ideia de uma paz "seca" que, vendo o impasse de Oslo, lancei em 2002, num discurso em Tel Aviv: fazer a paz, não amor... a paz, aqui, agora, sem esperar o dia de São Nunca, por ter aprendido a se compreender e se conhecer... a paz, não no final, mas no começo do processo, pois, caso se espere o final, sempre haverá um dos parceiros para, no penúltimo minuto, descarrilhar o trem...

Sem falar desses dois episódios, que um dia contarei em detalhes.

Naquela época, o ministro Dominique de Villepin ainda era um simpático personagem com entusiasmo juvenil, mas parecia ser dirigido por um cineasta interno sempre se enganando de papel: ora um general de Império; ora um rufião sonhando "cavalgar" a França; ora um desejo repentino de literatura; ora um servidor público bitolado numa *realpolitik* sem importância. E aí, naquela estação, com um jovem e entusiasmado assessor chamado Bruno Le Maire, o desejo de pensar grande para a França: o presidente Bush acabava de propor um "plano estratégico" para supostamente revigorar o processo de paz. O ministro, que ainda não tem sua máscara de Mélenchon de direita, seco, um pouco mumificado, e que, quando se trata de Israel, parece contar com apenas um repertório de clichês gastos e rançosos, quer ver a França propor, apoiando a iniciativa norte-americana ou, talvez, concorrendo com ela, uma "Declaração de princípios", cuja redação me confia e que devo defender diante de Israel e dos Estados árabes. O projeto é abortado. Mas ainda me lembro da minha alegria, do meu entusiasmo com a ideia de levar adiante a iniciativa!

E uma conversa com Ariel Sharon. A última. Em novembro de 2005, pouco tempo antes do duplo AVC do qual não se recuperaria. "Você sabe qual o tamanho de Gaza?", me perguntou naquela noite, em seu gabinete de Jerusalém, enquanto falava de sua decisão, controvertida em seu partido, de evacuar o enclave. "Dez vezes a cidade de Dubai... Dez! As pessoas nunca se dão conta disso. Israel não é tão grande quanto se pensa. E os palestinos, se forem sérios, terão o espaço necessário para construir ali dez Dubais, dez Cingapuras. E outra coisa..." Por um instante, ele pareceu cansado. Seu rosto de lutador, inchado, encheu-se de melancolia. Mas ele se recompôs. Seu pescoço espesso e estranhamente flexível se projetou para a frente como o de um carregador que se livrava de seu fardo. E então ele me disse, agora com o olhar distante, como se expressasse sua última vontade: "A Europa... é preciso que a Europa saiba que nós evacuamos, ao mesmo tempo, colônias da Judeia-Samaria... pela força, se necessário.... *manu militari*... para mim, tudo está ligado...". Sim. Para esse pioneiro de Israel, esse soldado, esse falcão, a liberação de Gaza era o prelúdio ao nascimento de um Estado palestino. Uma Gaza libertada era a miniatura, o protótipo, deste Estado para o qual estava pronto. Quando saí daquele gabinete e me encontrei na noite clara e sonora das ruas de Jerusalém, meu coração pulava de alegria.

Evoco essas lembranças para recordar que poucos assuntos me ocuparam mais em 50 anos de engajamento.

Mas também para que me compreendam bem quando digo que alardear aqui, agora, esta mensagem que têm na ponta da língua todos os pseudoclausewitzianos e palestinos imaginários do *dia seguinte* – "É isso! Compreendemos o que disse; vamos recolocar nos trilhos o processo de paz em ponto morto há anos; e o Estado palestino que o malvado Israel não queria, vamos oferecê-lo na pressa e na urgência" – seria uma infâmia no mínimo por duas razões.

Em primeiro lugar, a condição para que um Estado surja, tanto hoje quanto ontem, tanto na véspera quanto no dia seguinte, é que nasça nos palestinos uma força disposta a dizer: "Estamos prontos para a partilha e aceitamos, cansados de guerra, a resolução de 1947 que instituía os dois Estados e que nossos avós, nossos pais e, na verdade, todos nossos dirigentes recusaram até agora": esse momento, eu o espero desde o primeiro dia de minha vida de adulto – mas ele chegou?

Porém e, sobretudo, essa história de dia seguinte tem um segundo efeito – terrível, não somente para Israel, mas também para o mundo. Imaginemos que se diga então ao povo de Gaza e da Cisjordânia: "Está bem, compreendemos tudo; tínhamos olhos para não ver e ouvidos para não ouvir, mas agora entendemos; onde os artesãos da paz fracassaram, os guerreiros, os nazistas, os partidários dos *pogroms* tiveram êxito". Percebe-se o sentido de uma mensagem dessas? Tem-se ideia da vitória que seria, não só para o Hamas, mas também para todos os grupos terroristas do planeta? Não estaríamos voltando 50 anos atrás, quando o terrorismo era "a arma dos pobres" e, por conseguinte, "legítimo"? E não é quando o crime compensa que nascem as famosas vocações terroristas que se temia ver surgir, tais como *djins** vingadores, das ruínas de Mossul ou de Raqqa?

Justiça para os palestinos que renunciarem ao terror e aceitarem Israel, sim, é claro. Sim, mil vezes. Mas não agora. Não assim. Não como "um salário do medo" insuflado pelo jihadismo. E, portanto, não justo no dia seguinte.

* N.T.: *Djins* da mitologia árabe, invisíveis e com poderes sobrenaturais. Podem mudar de forma e se reproduzir entre si e com os humanos.

# Lição de Jacó, de Solal e de Romain Gary

Devem-se chamar as coisas pelo seu nome.

A verdade é que o *pogrom* que deveria ter sido – e que foi por um curto instante – a ocasião para uma solidariedade sem limite com os mortos e com aqueles que os pranteavam produziu o efeito inverso: um vento de antissemitismo ou, dizendo o nome certo da coisa, de ódio contra os judeus, sem precedentes desde a Segunda Guerra Mundial e de dimensões catastróficas.

Vento do Leste e vento do Oeste.

Vento do Norte e vento do Sul.

A América Latina de minha juventude entoou como um único homem a grande ária do judeu assassino de crianças.

A África do Sul de Mandela, como se não bastasse ter acolhido, 20 anos antes, a Conferência de Durban* e seu atroz "One jew, One bullet", tomou a iniciativa, junto à Corte Internacional de Justiça, de culpar o Estado dos judeus de crime de genocídio que o Direito inventou para fazer justiça aos mortos do Holocausto.

Na verdade, o mundo inteiro se agitava com essa notícia que parecia regozijar todos aqueles que os judeus perturbavam com sua pretensão milenar de ser exceção à lei dos massacres: "Também tu, filho de Israel... também tu que pretendias não matar, tu mataste... também tu, dominador, seguro de si, vítima que se tornou carrasco, tu és um povo carniceiro... e se o povo judeu, depois de ter sido, durante décadas, o padrão do sofrimento, se tornasse o do crime, do bombardeio indiscriminado, do extermínio – que alívio...".

E o mesmo aconteceu, infelizmente, nos dois países que conheço melhor, um porque é minha pátria de nascimento e o outro, os Estados Unidos, uma das minhas pátrias de adoção.

Na França, houve um aumento exponencial de atos antissemitas.[20]

Aconteceram manifestações de apoio à "causa palestina" onde não se temia mais gritar "Morte aos judeus!".

Nas universidades, pichavam-se suásticas,[21] e quem usava um quipá corria o risco de ouvir injúrias e sofrer golpes.

E a extrema esquerda parlamentar, aquela que, em princípio, insere-se no arco republicano e que eclipsou o restante da esquerda, retomava o vínculo com a fração do movimento operário que, na época do Caso Dreyfus, com Jules Guesde, era oficialmente antissemita.

Tenho algo a dizer ainda sobre Mélenchon e seus amigos.

Somos indulgentes demais com eles ao continuar lhes atribuindo um resquício de espírito republicano.

---

* N.T.: Referência à Terceira Conferência Mundial contra o Racismo, a Discriminação Racial, a Xenofobia e Formas Correlatas de Intolerância, promovida pela ONU em 2001.

E é muita honra vê-los como maquiavélicos em busca da estratégia que permita ganhar os votos dos eleitores.

De fato, observo Mélenchon. Eu o escuto. Eu o ouço recusando-se, diante do CRIF, a fazer a "genuflexão" que ninguém pediu para fazer. Ou acusando Élisabeth Borne, então primeira-ministra, cuja história familiar ele conhece, de esposar "um ponto de vista estrangeiro". Ou recriminando Yaël Braun-Pivet, presidenta da Assembleia Nacional, que carrega no coração a mesma ferida, de "acampar em Tel Aviv" e de não falar mais "em nome do povo francês". Ou censurando o presidente do Tribunal de Contas, Pierre Moscovici, de não pensar "francês", mas "finanças internacionais". As palavras têm uma história. E essas palavras são um copiar-colar da retórica de Maurice Barrès, de Édouard Drumont de *La France juive* e dos outros agitadores antissemitas da época do Caso Dreyfus. Não acabo de ler, nesta mesma manhã, enquanto me preparo para escrever, o tuíte de um de seus acólitos,* descrevendo o uniforme recomendado aos atletas israelenses para a cerimônia de abertura dos Jogos Olímpicos de Paris? Nada de bandeira. Proibição de cantar o hino olímpico. Uniforme branco. Ele só esqueceu a estrela amarela...

Mas a surpresa veio dos Estados Unidos, cujos pais fundadores desejavam fazer uma nova Jerusalém e onde Jerusalém se tornou para uma grande parte da população, em alguns dias, o nome do que há de pior.

Houve manifestações de apoio à "Palestina" invadindo o Grand Central Terminal, bloqueando a ponte do Brooklin e vandalizando bibliotecas.

* N.T.: Em 19 de janeiro de 2024, o deputado Thomas Portes (de La France Insoumise – LFI) postou no X: "Israel não deve desfilar na cerimônia de abertura dos Jogos Olímpicos. [...] Os atletas israelenses devem participar, a título individual, com um uniforme branco, sob a bandeira e hino olímpico."

Na frente das igrejas, apareceu um estranho *slogan*, *"No Christmas as Usual!"*: compreendeu-se que, seguindo a pura tradição marcionita (heresia cristã do século II, proposta pelo bispo Marcião, que pretendia extrair dos Evangelhos suas fontes hebraicas),* ele visava desjudaizar Jesus e transformá-lo num árabe palestino crucificado.

A polícia municipal de Nova York tolerou que militantes com *keffiyeh* e mascarados, como na época da Ku Klux Klan, atacassem sinagogas, escolas judaicas ou lojas "judias".

E houve, evidentemente, a onda de lama[22] que atingiu as mais prestigiosas universidades do país.

Apelos ao ódio e ao assassinato.

Assédio, intimidação, agressão física aos estudantes judeus.

Num vídeo visualizado 12 milhões de vezes, um professor de Cornell afirmou que se sentia "exaltado" com o massacre do 7 de Outubro, pois ele "invertera a relação de forças".

Ainda em Cornell, um estudante foi incriminado por ter ameaçado "levar um fuzil de assalto para o *campus*", "abater todos os porcos judeus", "apunhalar e cortar a garganta de todos os homens judeus", "estuprar e jogar do alto de uma falésia todas as mulheres judias", "decapitar todos os bebês judeus".

Outro declarou que os participantes da festa *rave* tinham merecido o que lhes acontecera, pois "festejavam em terras roubadas".

E os reitores de Harvard, do MIT[23] e da UPenn defenderam, diante da Comissão de Inquérito da Câmara dos Representantes, que essas declarações estavam protegidas pela primeira emenda da Constituição e sua sacrossanta liberdade de expressão.

Quando se sabe que essas três universidades estão na lanterna da classificação anual da Foundation for Individual Rights and

* N.T.: Por sua rejeição ao Velho Testamento e aos hebreus, o marcionismo seria recuperado pelos nazistas.

Expression (Fire), a conclusão é clara: todas as minorias são protegidas, nos *campi*, contra as declarações ofensivas; para todas se organizam *safe spaces*, espaços de acolhimento, onde elas têm a garantia de não serem incomodadas por declarações livres, mas que ferem; mas há uma exceção – a minoria judaica.

Certamente nada disso é novidade.

Cada guerra de Israel, nos últimos 50 anos, provocou semelhantes acessos de delírio.

E os dois países, França e Estados Unidos, estão, aliás, tão intimamente ligados que, já em 1982, num dos meus primeiros livros, demonstrei como – após recriminar os judeus, na era cristã, por terem matado Jesus Cristo; na época das Luzes anticristãs, por dar luz a ele; na do socialismo, por se associar ao capitalismo; no nascimento da biologia moderna, por encarnar uma raça definitivamente estrangeira –, na nossa era, as palavras de ódio mais audíveis e que mais podem, uma vez semeadas, colher tempestades são aquelas que ligam os judeus a um Israel previamente satanizado. Propus, então, o teorema: não é que um antissionista seja necessariamente antissemita, mas para um antissemita de hoje, não há mais outra maneira de demonstrar seu ódio senão passando pelo canal da aversão a Israel...

Porém, dessa vez, foi imenso.

Como se a enormidade do crime inicial devesse tornar ainda mais enorme a continuação da sequência; ou como se houvesse uma censura pelo choque provocado pelo choque e que fosse preciso ser perdoado, ou perdoar a si próprio, pelo momento de vacilo, de alienação, que havia visto o mundo comungar um minuto, um minúsculo minuto, com os israelenses atingidos, se foi tomado por um ódio surdo, louco e quase sem limites.

Judeus assassinos de crianças, portanto.

Judeus que, como na época de Shylock* ou do Faraó, cortaram seu pedaço de terra direto do corpo vivo do mundo.

Judeus culpados de assassinar o último Cristo do momento, ou seja, o povo palestino da cidade de Gaza, que vê a si mesmo como *Judenrein*.**

Judeus culpados por serem judeus, e nos quais se tenta costurar uma estrela amarela, não mais nas roupas, mas no coração.

Judeus culpados, por um último artifício da desrazão, na nova e louca visão "wokista" do mundo, não mais por ser uma "raça", mas por não sê-lo mais, já que eles se tornam rebentos do "homem branco", dissipados num Ocidente detestado.

E esse muro de incompreensão (que parece uma pirâmide) é onde se quebram as palavras quando se tenta explicar que Israel é um pequeno país que luta não para se espalhar, não para substituir, mas para sobreviver e impedir que ajam novamente aqueles que arrancaram a vida, na maior das barbáries, de 1.200 de seus filhos...

Foi – é – um maremoto.

Mas Israel tem amigos, é claro.

Há o velho presidente Biden – mas se manterá assim diante da contrariedade de seu partido? E como esse amigo sincero do Estado dos judeus pode cair na armadilha do "Estado palestino" *agora* e *com o Hamas*?

Há republicanos e democratas, pessoas de direita e pessoas de esquerda, que sabem que Israel é uma das democracias mais bem-sucedidas do mundo – mas seriam ouvidas?

Há cristãos íntegros, que acabaram compreendendo que parte deles mesmos é encarnada pela humanidade judaica e que, sem

---

* N.T.: Referência ao personagem agiota de *O mercador de Veneza*, de Shakespeare.

** N.T.: O vocábulo *Judenrein* era empregado pelos nazistas com a conotação de limpeza étnica e significa "livre de judeus".

ela, sem sua obstinação em existir, sem sua vontade de olhar para sua origem, que é também seu destino final, seria o próprio cristianismo que estaria em perigo – mas é a eterna questão: quantas divisões dessas irmãs e irmãos na Aliança?

Israel tem amigos no mundo árabe-muçulmano, que compreenderam, no Curdistão, mas não somente, que esta guerra é também sua – mas, de novo, que peso eles têm?

Enfim, existem também estes amigos novos, à extrema direita do tabuleiro político ocidental, que são numerosos e estendem a mão: mas o que pensar deles? E pode-se, deve-se contar com eles?

Faço essa pergunta lealmente.

E não esqueço que os homens mudam, que os partidos se transformam – e que racistas curados, antissemitas arrependidos ou filhas e filhos de fascistas que rompem com a herança dos pais não são novidade!

Seria o caso aqui?

Na França, Marine Le Pen pode honestamente afirmar ter rompido com o pensamento de seu pai quando condena da mesma forma o uso do quipá e do véu islâmico? Ou quando continua reprovando, conforme as últimas notícias, o discurso refundador do presidente Jacques Chirac, em 1995, assumindo a responsabilidade da França no Cerco do Velódromo de Inverno* e, consequentemente, a culpa inconteste de Vichy?

O eurodeputado Jordan Bardella, incapaz de responder à pergunta se Jean-Marie Le Pen era ou não antissemita quando rebatizava o ministro Durafour** de "Durafour crematório", quando sonhava com a "fornada" que se deveria fazer com os descendentes

* N.T.: No Cerco do Velódromo de Inverno, em julho de 1942, a polícia francesa prendeu e deteve nesse local mais de 13 mil judeus que foram deportados para Auschwitz.

** N.T.: Ao decompor o sobrenome Durafour, Le Pen joga com a palavra forno em francês [*four*], numa clara referência aos fornos crematórios dos campos de concentração nazistas.

dos sobreviventes dos fornos que tinham a audácia de enfrentá-lo, ou quando ele julgava que as câmaras de gás eram um "detalhe" da história da Segunda Guerra Mundial; será que ele pode afirmar sem piscar que fez o longo, difícil, doloroso e único caminho passível de extirpar os preconceitos do antissemitismo?

E os conselheiros, ex-membros do Grupo União Defesa (GUD),* que ainda rondam seu partido?

E, nos Estados Unidos, os cristãos evangélicos que apoiam Donald Trump e fizeram o caminho inverso dos cristãos íntegros, visto que são "sionistas" na exata medida em que pretendem, no dia do Julgamento Final, assim como marcionitas do Fim, substituir Israel na terra que ele provisoriamente guarda?

E o próprio Donald Trump[24] que, interrogado sobre sua relação pessoal com os judeus, responde que nunca achou ninguém melhor do que esses "homenzinhos de quipá" para "saber contar seu dinheiro"?

E Viktor Orbán, que conheci jovem dissidente na época da queda do muro de Berlim e que reencontro, 30 anos depois, em Budapeste, em suas roupas novas de primeiro-ministro, afirmando, na mesma frase, sua solidariedade a Israel e sua admiração pelo regente Miklós Horthy, o Pétain húngaro, corresponsável pela deportação de 437 mil judeus húngaros para Auschwitz, em 1944?

Não é assim que as pessoas mudam.

Não se rompe com o antissemitismo por decreto, com um canetaço.

E, mesmo estando bem consciente de que uma nação tão frágil quanto Israel não pode ser dar ao luxo de recusar uma mão estendida, recomendo a mais extrema prudência.

* N.T.: O Grupo União Defesa (GUD) era uma organização estudantil de extrema direita, xenofoba, criada nos anos 1970 e recentemente dissolvida pelo governo de Emmanuel Macron.

Lembro-me de Pierre Boutang, antissemita arrependido, explicando-me a divina surpresa da extrema direita quando viu que o povo dos desgarrados, dos exilados, dos errantes, entrava no rol das nações.

Lembro-me de textos que descobri na mesma época, enquanto escrevia *L'Idéologie française* (A ideologia francesa), em que Édouard Drumont, que odiava com todo seu ser a alma de Israel, aplaudia o nascimento do sionismo, que via como um retorno ao berço da ovelha negra, tinhosa, teimosa.

Que se diga em sã consciência se há outra grandeza de Israel além de voltar ao berço, e outra utilidade dos judeus além de impedir um retorno dos sarracenos – tal deveria ser o pré-requisito para qualquer discussão esclarecida sobre essa questão.

E que os judeus saibam, cada judeu, também em sã consciência, o que vale uma coalizão que não se baseie nem numa amizade verdadeira, nem num respeito sincero, nem num conhecimento, mesmo vago, da aventura judaica, da memória judaica, do ser judaico – esse deveria ser o mínimo requerido quando se pagou tão caro, no passado, pela cegueira diante das engrenagens do mal.

Para mim, em todo caso, as coisas são claras.

Nenhuma aliança no mundo vale a renúncia dos judeus ao dever de exceção que, de Rabi Akiva a Kafka, de Rashi a Proust, foi o fermento de sua quase incompreensível resistência.

Nenhuma vale o esquecimento de que a resistência do povo judeu através das épocas veio também de sua recusa a tudo que se assemelhasse a um desprezo ao estrangeiro, ao ódio ao outro, ao racismo, ao chauvinismo.

E, se não esquecermos disso, deve-se cuidar para não misturar nem uma gota da tinta de luz com que se escreveram os livros da Sabedoria judaica com os jorros de bile e de veneno que esses novos amigos lançam sobre outros povos frágeis, que tampouco são seus amigos – e um acordo verdadeiro não é possível, um pacto histórico não é admissível com eles.

Portanto, os judeus estão sozinhos.

E sua solidão é ainda mais trágica porque essa grande pequena nação que é Israel – este fino fiapo de terra atacado por todos os lados e aviltado por bilhões de homens que esqueceram o que lhe devem, este povo sempre culpado, sempre em dívida e, faça o que fizer, condenado ao opróbrio – está preso entre esses dois fogos, jogado de um lado a outro como um boneco, dividido entre os liberais que se assemelham a ele, mas o renegam; e os iliberais que não se parecem com ele, mas o defendem.

Mas é isso.

A tragédia é grega, não judaica.

A grande questão de um judeu não é, como Édipo em Colono, confirmar que os deuses são cruéis e que forças inconciliáveis regem o mundo nas suas costas – mas sobreviver.

E, desse ponto de vista, sim, os judeus estão mais sós do que jamais o foram.

Ou talvez seja o contrário.

Talvez estejam sós como sempre se disse que estariam, e isso é mais desesperador ainda.

Penso em Jacó que, quando finalmente se instala na terra prometida por Abraão, depois de ter vagado por muito tempo, vê que está cercado por uma matilha de cães – e se senta.

Penso em Albert Cohen repetindo, em nossos encontros na avenida Krieg, em Genebra, a lição de Solal; exortando-me a superar-me, armar-me, bancar o grego diante dos gentios, praticar seus rituais; e me alertando, repentinamente febril, no tom de alguém despertado do sono durante um pesadelo, sobressaltado, que isso seria só por um tempo e que, desde a noite dos tempos, é sempre a Besta que ganha no final.

Penso no amigo Romain Gary, que conheci na época dos "novos filósofos" e que eu acreditava estar, como muitos, do lado da força judaica: revejo-o, altivo, bancando o orgulhoso, com as faces ossudas debaixo do gorro de astracã que ele não tirou, naquele dia, durante toda a refeição; eu o ouço de novo, falando alto demais, com sua bela voz de homem vindo de longe, com tez de aço escurecido, que venceu a guerra e a morte, o ruído e o silêncio, a reprovação e a glória, convidando-me ao artifício e à resistência, ao humor e ao amor. "Morte aos inimigos" – urrou à plateia no restaurante. "Vamos vencer. Vamos pegá-los. Você os pegará. Incapazes de resistir ao *dibbouk** que um judeu aguerrido como você vai enfiar na barriga deles. Sem medo!" Depois, mais baixo, com uma súbita voz das entranhas, muito pálido sob o carmim da face: "Mas por quanto tempo? Na verdade, já deu; ocupamos lugar demais; nossa existência é desmedida; eu sei, desde o início, que estamos sobrando." Algumas semanas depois, ele morria.

E penso uma última vez no texto de Levinas, *Noms propres*, que me persegue.

Mas hoje não são mais só as ricas residências dos bairros nobres de Paris que têm suas tapeçarias arrancadas e queimadas: são também nossos grandes e nossos pequenos apartamentos; nossos belos e menos belos bairros; são as sinagogas de Sarcelles e de Créteil; são nossos *Shabat* quando fazemos *Shabat*; quando ainda somos devotos, são nossas pequenas festas e nossos grandes *bar-mitzvá*, nossas velas de Hanucá e nossos humildes candelabros, as cabanas montadas após Yom Kipur e que, para mim, parecem gravetos de palha que vão virar fumaça ou sair voando; e, quando não somos mais devotos, começa uma noite em que não há mais nem grandes nem pequenos judeus, nem judeus do estudo, nem judeus do século, nem judeus da política, nem judeus do jornalismo, nem judeus da arte, da filosofia, do pequeno e grande comércio, da medicina, do tribunal – mas somente judeus, isto é, culpados.

* N.T.: Palavra hebraica que significa espírito ou demônio que se apossa de um corpo.

## TERCEIRA PARTE

# A HISTÓRIA E A VERDADE

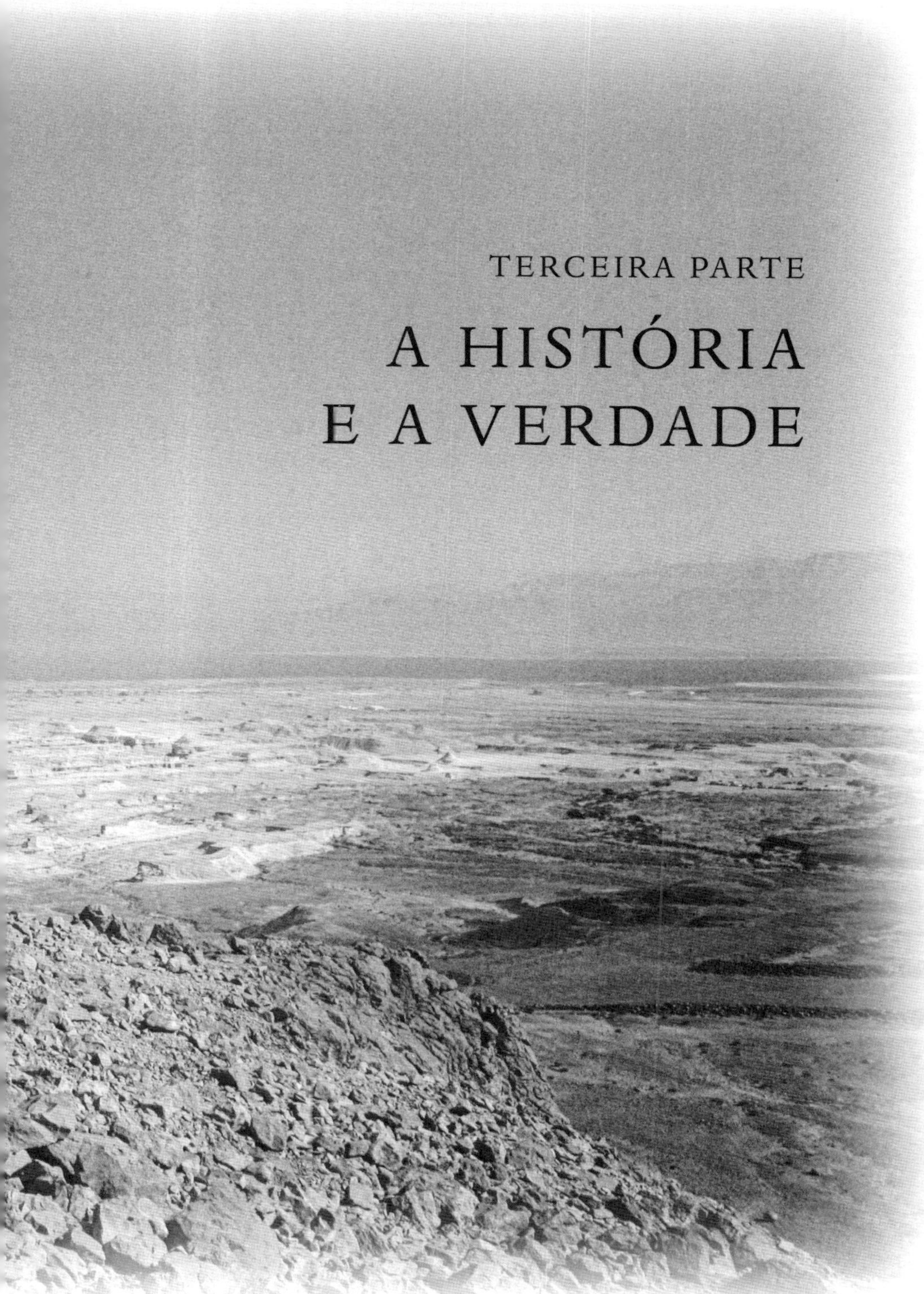

# Por que Israel

A primeira pergunta levantada por quem se sensibiliza com essa questão de Israel é, em geral, esta simples, muito simples, mas na verdade vertiginosa pergunta: por que Israel?

Era o questionamento feito por meu amigo Claude Lanzmann em seu primeiro filme, produzido em 1972, logo após a Guerra dos Seis Dias e 13 anos, portanto, antes de *Shoah*.

Ele não colocou um ponto de interrogação.

Mas simplesmente declarou, com sua autoridade acumulada, *Por que Israel*.

Mas era bem essa a pergunta.

Por que um Estado em vez de nada? Por que um Estado em vez da assimilação, do fim da exceção, da paz dos lares e das nações? Por que um Estado em vez da superação das contradições, da nova fórmula, da grande aliança? Faz muito tempo que o cristianismo, o hegelianismo, o socialismo, todo o mundo, interpelavam os judeus: "Nós lhes demos tudo; concedemos tudo; assumimos a sua Gênese; aceitamos seu Deus único e, por ele, renunciamos aos nossos deuses nacionais; agora que está feito, acalmem-se; comportem-se e sejam simpáticos; sejam realistas, sintéticos, conciliadores; unam-se aos corações e às mentes dos outros homens na grande edificação da humanidade; vocês não veem que sua posição é insustentável? Que nadam contra a correnteza? Não compreendem que sua nação será um gueto, um *shtetl*,* uma prisão a céu aberto, uma zona de exclusão e, se as coisas derem errado, uma zona de quarentena? Vocês deviam ter acordado há um século, no momento do grande despertar das nações. Não agora!"

Ou então, ao contrário, nos menos perversos, outra forma de perguntar. Por que um Estado em vez de tudo? Por que um Estado em vez de todo o doloroso, mas glorioso destino, rico de aventuras humanas incomparáveis, de realizações da vida espiritual, que foi a vida na diáspora? Por que um Estado em vez desta universalidade, deste humanismo do outro homem, este bom fermento de cosmopolitismo, que foi, por muito tempo, a vocação dos judeus? O judaísmo da Torá humana... A prática do Talmude e de seus templos invisíveis... A fidelidade a um Deus que não veio apenas para os judeus, mas também para aqueles que, hoje, não estão com eles... Não havia melhor destino para tudo isso, francamente, do que ser destinado a uma faixa de terra que representa, diz o Livro, uma fração infinitesimal da humanidade?

Essa pergunta não é vã.

---

* N.T.: Palavra iídiche para cidadezinha.

Foi feita conscienciosamente por muitas grandes figuras do judaísmo.

É o tema da polêmica, nos anos 1920, entre Gershom Scholem, que se prepara para encontrar o Estado no limbo, e Franz Rosenzweig, autor de *Der Stern der Erlösung* (A estrela da redenção) e inspirador de Emmanuel Levinas, que prefere ficar em Frankfurt. O primeiro não tem mais ilusões sobre o futuro do judaísmo na Alemanha e só vê esperança num renascimento do povo judeu em sua terra. O segundo, não menos preocupado com a perenidade do ser-judeu, levanta dúvidas sobre um retorno a Sião, que vê como uma máquina para normalizar o judaísmo, e recusa-se a fazer o luto da singularidade e da estranheza ligadas à vida na diáspora. Todavia, em 26 de dezembro de 1926, três anos após essa disputa, que, segundo diz Scholem em *De Berlim a Jerusalém*, foi a mais tempestuosa de sua vida, mesmo tendo realizado seu sonho e vivido na Palestina judaica – ele envia a seu amigo uma carta estranhamente melancólica na qual denuncia os danos "causados à língua hebraica por sua passagem de língua sagrada à língua do comércio e da comunicação"; e conclui, como se lhe desse retrospectivamente razão, que "essa profanação da língua" é sinal de um "processo de normalização" que "coloca em risco a própria essência da tradição".

E isso é o que também pensaram – após Rosenzweig, após Scholem, depois de Levinas salientar, assim como Rosenzweig, não largar o grego certo pelo duvidoso hebreu, após o mestre nova-iorquino Yehuda Magnes, fundador da universidade hebraica de Jerusalém, morto no ano de nascimento do Estado e jamais tendo cedido às virtudes frágeis, mas preciosas de um Exílio concebido como um antídoto ao judaísmo cananeu que ele via se implantar em Tel Aviv –, portanto, muitos judeus da geração de Claude Lanzmann e da minha; não mais os israelitas franceses ou alemães dos anos 1930 que, assim como Léon Brunschvicg, Marc Bloch ou Hermann

Cohen, haviam acreditado que o maior mérito do judaísmo foi ter, com a Lei, inventado os direitos humanos: mas judeus sartrianos; mas judeus não incomodados por serem judeus; mas as figuras judaicas da minha juventude que, de Robert Linhart a Benny Lévy, passando por Pierre Goldman ou Michel Butel, colocavam o que lhes restava de judaísmo a serviço da revolução. Eu mesmo não escrevi mais tarde, bem mais tarde, *O espírito do judaísmo*, cuja tese é que a tarefa dos judeus é a reparação do mundo? Que seu papel é estender a mão aos aflitos, aos malditos ou, como Jonas, às almas consideradas perdidas? E que o "povo eleito" é esta *Am Segulah*, este "tesouro secreto", necessário às nações que querem destruir sua parcela de desumanidade e seguir, elas também, o caminho da redenção?

Sim, é uma questão genuína.

Então, a essa genuína pergunta, Claude Lanzmann respondia, diretamente ou de antemão, que Israel é a pátria histórica do povo judeu.

Sabia que o retorno a Sião, tendo por guia o manual dos primeiros sionistas representado pelos livros da Bíblia, era algo justo.

Pensava também, imagino, que, para que a exceção judaica perdurasse, e no próprio interesse das nações, era vital que houvesse uma capital, um lugar para o pensamento judaico vivificado e posto em prática.

Porém, sua verdadeira resposta cabia numa palavra, uma única, uma palavra terrível e sangrenta, uma palavra que fazia tremer até os mais incrédulos de nós, uma palavra que abalava até os ateus da sociedade que, como Freud em sua carta a Arnold Zweig, pensavam que "a ideia nacional envenena os nervos e o sangue", uma palavra que demandava dupla atenção dos modernos que, como Lanzmann, o descrente, ou eu, o irreligioso, preferem os homens às pedras e nunca compreenderam bem uma vida organizada em torno de histórias de velhas paredes, de túmulos, de cascalhos sagrados e de templo vazio: o antissemitismo.

Pois é.

O velho ódio.

O mais velho de todos os ódios.

Aquele que persegue os judeus da Babilônia à Pérsia.

Da Pérsia a uma Judeia invadida, depois ocupada e pilhada pelos romanos que, antes de irem embora, saquearam Jerusalém e, segundo o relato de Flávio Josefo, irrigaram seus magros córregos com o sangue de milhares de judeus.

O ódio que, quando Roma se torna cristã e se faz necessário voltar para a Renânia, Provença ou Espanha para escapar à turba, destrói os lares judaicos que haviam sido construídos e cuja intensidade, bem como ciência, beleza intelectual e moral, resplandece como no primeiro dia.

O ódio da França cristã que, de Felipe Augusto a São Luís, de Felipe, o Belo, e Luís X e Carlos VI, está sempre chantageando, expulsando, reconvidando os judeus antes de sangrá-los de novo; o ódio que faz os judeus de reféns e os troca, não por assassinos, mas pelo dinheiro que emprestaram à Coroa e que esta exige que abandonem; o ódio de uma França que viu nascer, com Rashi de Troyes, o mais belo dos sóis talmúdicos e que se serve do eterno escândalo judaico, o da recusa da Cruz, para martirizar seus descendentes – as legiões romanas não esfolaram o corpo de Rabi Akiva com ancinhos de ferro? Não escalpelaram Rabi Ishmael quando ele usava seu tefilin? Não arrancaram a língua de Houtspit, o intérprete da última *yeshivá* ainda em pé após a revolta de Bach Khorba? E foi em Ramerupt, na região da Champagne, que se amarrou ao rabo de um cavalo e arrastou pelas ruas da cidade o corpo ensanguentado de Rabbenou Tam, neto de Rashi e amigo do conde Thibaut de Blois...

O ódio, quando a tempestade se acalma, quando os reis da França cobertos pelo manto lavrado de lírios dourados dos grandes sacerdotes de Israel, no dia de sua sagração, acabam entendendo o que significa quando o bispo os benze em nome do "santo rei Davi" e de "Salomão seu filho"; quando Pascal, o amigo dos judeus, os busca, mas não encontra, porque partiram em massa; o ódio, portanto, que continua perseguindo-os no Leste, cada vez mais a Leste: Polônia, Lituânia, Ucrânia, Transilvânia, Praga – onde Kafka observa que "se está mergulhado no ódio ao judeu" –, Ucrânia de novo, Volhynie, até as tundras e taigas deserdadas da Rússia. Por toda parte os *pogroms*, sempre os *pogroms*, a roda sem fim dos massacres e razias; e, inspirando os romances mais pungentes de Isaac Bashevis Singer, os relatos de Nathan Hannover, que viu, em 1648, gatos vivos sendo costurados no ventre aberto de mulheres, crianças sendo transpassadas por lanças, moídas e vendidas como carne, ou assadas no espeto para que suas mães as comessem...

O ódio de novo, no Caso Dreyfus, quando o pai de Levinas viu, segundo a célebre fórmula, a metade de um grande país defendendo um pequeno capitão judeu injustamente condenado, mas onde outros, ou os mesmos – em todo caso, Theodor Herzl, Max Nordau e os primeiros sionistas – viram a outra metade exigindo a morte de um inocente apenas por ser judeu.

E o cúmulo desse ódio, seu ápice, este acontecimento sem precedentes e sem volta, este antijudaísmo moderno, técnico, industrializado, que desembocou no Holocausto e que o pós-Holocausto acreditou fechar num sarcófago tão estanque quanto o de Chernobyl – mas ele tinha fissuras...

Tudo está dito.

Lanzmann ainda não é este Orfeu judeu que vai, muitas vezes vencedor, atravessar o Aqueronte para lá buscar sua Eurídice com seus milhões de rostos que os nazistas quiseram fazer sumir.

Mas ele sabe tudo isso.

Ele sabe que há judeus infelizes e judeus felizes, judeus obscuros e judeus luminosos, judeus pobres e judeus prósperos, judeus de maldição e judeus de exultação, judeus transgressivos, judeus que odeiam a si mesmos e judeus ingênuos que sempre acreditam, até o fim, que os impérios, os reinos e, depois, as repúblicas garantirão seus direitos – mas ele sabe que todos eles podem ser, um dia ou outro, presas da Besta, cuja voracidade não tem limite.

A todos, Israel oferece um recurso.

A todos, se a horda os perseguir, Israel oferece um refúgio.

Para todos, ele insiste, o ódio que persegue os judeus e que quase os engoliu era uma razão necessária e suficiente para que nascesse, ou renascesse, Israel.

E para todos aqueles obcecados, em 2024 ou em 1945, pelo juramento de Adorno – fazer tudo, tudo para que "Auschwitz não se repita" –, Israel é uma evidência.

Simples assim.

É chegada a hora de as nações do mundo deixarem um sopro de ar ao que resta do povo judeu, após tê-lo feito respirar o cheio de seus próprios corpos de homens, de mulheres, de crianças queimadas.

Se assim o desejarem, um canto minúsculo do planeta para os sobreviventes do povo que deu o Livro à humanidade e que é também o mais antigo povo perseguido do mundo.

É o que diz, com suas palavras, a declaração de independência de Israel: "A hecatombe nazista" demonstra "a necessidade urgente de remediar a falta de uma pátria judaica para o restabelecimento do Estado Judeu na Terra de Israel".

Por que Israel?

Por isso.

# É COLONIALISMO QUE CHAMAM?

A segunda pergunta é a do colonialismo.

Não as colônias da Cisjordânia.

Não os assentamentos criados, desde 1967, pelos sucessivos governos de Israel na parte desta terra destinada, logo após a Segunda Guerra Mundial, a um novo Estado árabe e que Israel deverá, mais cedo ou tarde, desmantelar.

Não.

Israel mesmo, qualificado como "fato colonial".

Israel inteiro, apresentado como uma "colônia ocidental".

Isso também encolerizava Claude Lanzmann.

Tanto mais porque o debate fora lançado no famoso número especial do periódico *Les Temps Modernes*, publicado na véspera da Guerra dos Seis dias e consagrado ao conflito israelense-palestino por um texto de Maxime Rodinson, intitulado "Israel, fato colonial?"

Você se dá conta? – ele me dizia, com sua voz solene e sombria, irritada.

O *Êxodo,* fato colonial?

Os cantos do gueto, fato colonial?

As canções espartaquistas de Gert Granach que coloquei nos créditos do meu filme, o *kibutz* de Gan Shmuel e seus pomares de cidreiras, Shmuel Bogler, o sobrevivente de Auschwitz, Simha Flapan, o pai dos novos historiadores e do sionismo de extrema esquerda, tudo isso, todos os meus personagens, minhas figuras, as de *Shoah*, um "fato colonial"?

E Lanzmann recita, simulando uma paciência que chegou ao fim, fragmentos inteiros do texto de seu ex-amigo que ele ainda sabia de cor: "Creio ter demonstrado, nas linhas anteriores, que a formação do Estado de Israel na terra palestina é a culminância de um processo que se insere perfeitamente no grande movimento de expansão europeu-americano dos séculos XIX e XX para povoar ou dominar as outras terras".

Lanzmann tinha razão.

E causa espanto, 50 anos depois, no caos desencadeado por esta nova guerra de Gaza, ver de novo essa mesma ladainha.

Israel não é um fato colonial pela simples razão de que, primeiro, sempre houve judeus no território que hoje é o Estado de Israel. Sempre. Mesmo na época dos romanos e de sua limpeza étnica, sempre houve ali, naquelas colinas e desertos, autóctones judeus, descendentes dos contemporâneos do Segundo Templo que nunca tinham saído de lá. E os outros, todos os outros, aqueles que foram jogados nos caminhos do exílio, nunca deixaram passar um dia sem recitar o Salmo 126, nostálgico e veemente, com certeza o cenário da história judaica, da espera judaica, do sofrimento judaico, da esperança judaica durante dois milênios, mesmo que não se soubesse se devia ser dito no passado ou no futuro: "Quando Yahvé trouxer os cativos de Sião, seremos como sonhadores... nossa boca se encherá de risos, e nossa língua, de alegria... então se dirá entre os povos: ele fez grandes coisas, Yahvé, atuando com aqueles... traz, Yahvé, nossos cativos, como córregos no deserto do Neguev! Aqueles que semeiam nas lágrimas colherão na alegria!". Cativos não são colonos. Semear nas lágrimas, colher na alegria, é a língua do sonho, não a da alienação, da apropriação, da conquista.

A segunda razão pela qual Israel não é nem pode ser um fato colonial é que, se os nativos judeus não estavam evidentemente constituídos como nação no sentido atual da palavra, os nativos árabes tampouco. Os primeiros sionistas ocuparam-se desse tema. E isso é atestado principalmente pela história contada por Martin Buber: assustado, Max Nordau corre até Theodor Herzl e lhe diz: "Acabo de saber que há árabes na Palestina; não estamos prejudicando uma outra nação?". A realidade, conhecida por Herzl, é que esse povo – que se chamava palestino desde que o Império Romano denominara, às pressas, as comunidades que também ali viviam desde sempre, em lembrança dos filisteus – não pensa, naquele momento, em se constituir como nação. E os representantes palestinos no primeiro Congresso das Associações Muçulmanas e Cristãs[25] se pronunciaram explicitamente, aliás, em Jerusalém, 10 anos antes, sobre isso: somos, diziam, "parte integrante da Síria árabe da qual jamais estivemos separados".

Que seja, objetam os inimigos de Israel. Mas e o número? A proporção? Os palestinos, quer descendam de fenícios, filisteus ou outros, quer tenham eles próprios se percebido como parte da Síria árabe ou não, não eram em número bem superior, esmagador? Isso é verdade. E ninguém contesta. Mas é preciso ver como as coisas eram em 1947, data da resolução da ONU que instaura os dois Estados no território da Palestina mandatária. Os nativos judeus constituíam, então, um terço da população no território a ser dividido. E, na porção que lhes cabia, eram mais ou menos a metade. Esse ponto é decisivo. Quando começa a disputa entre as duas nações, há tantos judeus quantos árabes, tantos nativos judeus quantos nativos árabes nesse território onde se construiu, segundo nos explicam, um "Estado colonial". E se é verdade que o fluxo migratório se acelera nos anos 1930, não é porque a Europa manda seus judeus na vanguarda de um projeto colonial desconhecido, mas porque os nazistas estão aniquilando-os e eles fogem.

Diz-se então: vocês agem como se houvesse apenas uma espécie de colonialismo – o da França, por exemplo, com seus corpos expedicionários, seus canhões e navios canhoneiros se apossando da Argélia. Não haveria colonizações mais lentas, mais sutis, em que se rouba pouco a pouco a terra dos outros? Sem dúvida. Contudo, no terreno sombrio do debate dos historiadores sobre o conflito israelense-palestino, há um ponto ao menos com que todos concordam. Colonização é roubo. Ora, não houve nem roubo nem dolo. As terras adquiridas pelos imigrantes, assim como pelos nativos judeus, não foram tomadas, mas compradas, salvo exceção. Elas até mesmo sofreram, tanto no Império dos Otomanos quanto no dos Britânicos, após 1920, uma especulação fundiária sem precedentes: não era raro ver uma parcela comprada por algumas piastras e revendida, pouco depois, por dez, vinte vezes aquele valor. E, se é verdade que os novos proprietários tinham um projeto ideológico que exigia que eles próprios lavrassem suas terras e se distanciassem dos fazendeiros, rendeiros ou diaristas que trabalhavam ali até então, não é verdadeiro que as terras constitutivas do futuro Israel tenham sido tomadas pela força ou ao arrepio da lei.

O que houve, nesse caso, com a guerra que seguiu à declaração de independência? Não foi ela cenário da expulsão massiva que os palestinos chamam de "Nakba"*, que eles entendem como uma réplica do Holocausto, a qual foi documentada, na ocasião, por Tom Segev, Avi Shlaïm, Benny Morris e a escola dos novos historiadores? Mais uma vez, é necessário ser preciso. Primeiramente, não esquecer que essa guerra foi desencadeada por cinco exércitos árabes que invadiram Israel, em maio de 1948, assim que os britânicos foram embora. E tampouco esquecer que, antes disso, houve os apelos das autoridades religiosas e políticas árabes para "lutar por cada polegada de seu país" (o presidente do Alto Comitê árabe[26]); a derramar "seu sangue por sua terra até a última gota" (o porta-voz do Alto-Comissário árabe na ONU); e a travar (Azzam Pasha, secretário-geral da Liga Árabe) "uma guerra de extermínio", um "imenso massacre" do qual se falará "tanto quanto dos massacres da Mongólia e das Cruzadas". Mas se deve, sobretudo, esclarecer. É certo que houve expulsões: Benny Morris, aquele dos novos historiadores que se debruçou com mais escrúpulo sobre a questão, estima que 15% das partidas foram forçadas. Houve também atos de violência cometidos pelos Exércitos judaicos, que semearam o terror, como o de 9 de abril de 1948, em Deir Yassin, com seus 100 a 120 habitantes mortos. No entanto, o essencial dos 700 mil deslocamentos para o Líbano, Jordânia ou Egito se deu, conforme confessam os próprios pesquisadores mais obstinados em revisar a narrativa nacional sionista, por duas lógicas principais: a debandada dos civis que, em todas as guerras do mundo, deixam as zonas de combate para se proteger, e o fenômeno próprio a essa guerra – mais uma vez, os apelos dos chefes tribais locais, dos

* N.T.: Êxodo palestino durante e após a guerra árabe-israelense de 1948. Estima-se que cerca de 700 mil pessoas tenham fugido ou sido forçadas a deixar suas casas no que hoje é Israel e nos territórios palestinos.

chefes de Estado vizinhos ou do "Alto Comando dos Voluntários Árabes para a Libertação da Palestina", conclamando à partida e prometendo um pronto retorno nos furgões dos Exércitos árabes vitoriosos. Ninguém tem o direito de minimizar o sofrimento de famílias arrancadas da terra onde nasceram seus ancestrais. Mas as palavras têm um sentido. E isso ainda não constitui, neste caso, uma arrancada, uma partida, uma lógica de natureza colonial.

E, por fim, há uma última razão que explica por que o vocábulo colonial é impróprio para descrever o nascimento de Israel. Quem diz colonialismo, diz metrópole colonial. Ora, a realidade é que a metrópole, neste caso a Grã-Bretanha, opôs-se com todas as suas forças na região e fora dela à desagregação de seu Império. Pensa-se sempre na Declaração Balfour e na explosão de alegria, nas comunidades judaicas no mundo, quando, em novembro de 1917, o ex-primeiro-ministro e Primeiro Lorde do Almirantado, então ministro das Relações Exteriores, pronuncia estas incríveis palavras: "O governo de sua Majestade avalia favoravelmente o estabelecimento na Palestina de um núcleo nacional para o povo judeu e fará tudo que estiver ao seu alcance para facilitar a realização desse objetivo". Mas se esquece de que essa declaração foi seguida, seis semanas depois, de outra, assinada pelo general Allenby, futuro vencedor da Batalha da Gaza e de Jerusalém: "A Palestina não será nem judaica, nem árabe; ela será inglesa". Esquece-se do contexto político do acontecimento, isto é, do momento em que o Império Britânico busca todas as alianças possíveis, judaicas ou árabes, para vencer o Império Otomano rival. E se esquece, principalmente, de que, no período seguinte, após a queda final dos otomanos e, depois, em 1945, a capitulação da Alemanha, são os governos do bloco soviético e os liberais americanos que pregam o estabelecimento de um Estado Judeu, ao passo que o governo de Sua Majestade faz tudo para frear a imigração judaica, tudo para bloquear, quando pode, as compras de terras, tudo para apagar, em suma, a chama que Balfour acendera.

Devem-se ler as reportagens de Joseph Kessel, publicadas no jornal *France-Soir* no final da guerra de independência de Israel.

Nelas se vê uma potência mandatária que não facilita nada para os judeus.

Nelas se vê que as milícias sionistas Haganah e o Irgun travam, por sua vez, uma guerrilha obstinada.

E nelas se descobre que os britânicos, quando chega a hora da retirada, preferem dar suas bases à Legião Árabe, que foi comandada até o último momento, diga-se de passagem, por um oficial inglês.

A independência de Israel se insere num duplo contexto.

O do movimento das nacionalidades de que é o produto extemporâneo.

Mas também o da história dos impérios – no sentido contrário do que se diz sempre: Israel é fruto de uma guerra de emancipação, não de um estabelecimento colonial; seu nascimento é um momento da história, não dos impérios, mas de sua dissolução; e o sionismo não é um imperialismo, mas um anti-imperialismo.

Essa é a realidade do sionismo, esta nova palavra maldita.

Este é o sionismo, olhado de frente, e não trajado com a roupagem ideológica de seus oponentes.

O sionismo, como todas as outras aventuras judaicas, não veio para ganhar força e depois dominar o mundo – ele foi a nova equação da sobrevivência de um povo que nisso encontrou, nem mais nem menos, incompreensão, hostilidade e vontade de extermínio do que sofrera nos caminhos da diáspora.

# ISLAMOFASCISMO

Que seja, objetam os antissionistas mais empedernidos.

Admitamos que essa independência de Israel tenha sido obtida pela força e contra os impérios.

Resta que, se foi abençoada pelo restante das nações, é porque viam nisso uma maneira de reparar o crime do Holocausto.

E a pergunta, neste caso, passa a ser: "Por que aqui? Por que esta terra? Por que o crime cometido pela Alemanha teve de ser pago pela nação árabe? Por que não ter criado Israel, por exemplo, na Baviera?"

O próprio enunciado da pergunta ignora, repito, a presença milenar dos judeus nessa terra – não vou retomar isso.

Mas ela apela para uma pseudoevidência que, conforme vejo, abala principalmente na juventude as almas que se preocupam com equidade e justiça – e se deve responder a isso em profundidade.

Há uma resposta metafísica: o Holocausto foi, sim ou não, um crime contra a humanidade? Se foi, a especificidade de tal crime é visar o homem em sua "espécie" (Robert Antelme), interrogar sua possibilidade de ser (*É isto um homem?*, Primo Levi), provocar um "eclipse" do ser humano (Hannah Arendt) e haver uma culpa "metafísica" distinta, dirá Karl Jaspers, na obra *A questão da culpa. A Alemanha e o nazismo* – culpa "pessoal" do indivíduo que cometeu o crime, culpa "política" do Estado que deu a ordem de agir e culpa "moral" que concerne à consciência de cada um, uma culpa que implica a humanidade comum e à qual nenhum homem pode, consequentemente, esquivar-se.

Mas há também uma resposta perfeitamente histórica e concreta: embora o projeto nazista tenha sido de fato concebido na Europa e tenha sido um país europeu, a Alemanha, que mobilizou todas as forças disponíveis para, por toda parte onde fosse possível, alcançar seu objetivo supremo de exterminar os judeus, a execução do crime não coube apenas à Alemanha; ela implicou também outros atores, fora dela, em todos os continentes; e o mundo árabe, ou árabe-muçulmano, foi menos inocente do que pretende...

É aqui que entra outra categoria de novos historiadores,[27] que não formaram propriamente uma escola, mas que, na Alemanha (Matthias Küntzel), nos Estados Unidos (Jeffrey Herf) ou na Grã-Bretanha (David Motadel), trabalharam sobre as relações do nazismo com o mundo árabe-muçulmano e estabeleceram três fatos.

1. A existência, bem antes da Guerra, de um nazismo árabe, ilustrado pelo nascimento dos Irmãos Muçulmanos. O nazismo,

diz, por exemplo, Hassan al-Banna, cofundador da Confraria, não é a grande novidade ideológica de nossa época? Não é uma resposta firme e forte à crise do modelo liberal, que se vê por toda parte em decadência? E por que a nação árabe se privaria dos benefícios trazidos por uma declinação regional desse modelo? É nesse espírito que ele cria a Confraria. É no nazismo que ele pensa quando, num editorial de 1938, exalta o ideal de uma "indústria da morte" árabe. É o que as ruas egípcias ouvem quando, no final dos anos 1930, veem seus Irmãos Muçulmanos, com a força de seus 200 mil membros, divulgando versões árabes de *Mein Kampf* e de *Os protocolos dos sábios de Sião*. E é o que o mundo constata quando vê os Irmãos participarem, de camisa marrom, das violentas manifestações estudantis de 1938, aos gritos de "Abaixo os judeus!" e "Judeus fora do Egito e da Palestina!".

2. A adesão, quando eclode a guerra, de toda uma parte do mundo árabe às potências do Eixo, em geral, e à Alemanha, em particular. Não todo o mundo árabe, é claro. Não o Marrocos, por exemplo, com seu virtuoso sultão, apoio declarado dos Aliados e condecorado com a Ordem da Libertação ainda em 1945. Quando Vichy quis que se impusesse o uso da estrela amarela aos 200 mil judeus que viviam no Protetorado, ele respondeu: "Não há judeus no Marrocos, há apenas cidadãos marroquinos",[28] e se vocês realmente exigirem isso, favor "providenciar mais cinquenta estrelas para os membros da família real". Tampouco as dezenas de milhares de árabes e de berberes mobilizados nas tropas da França Livre (foi com essas unidades marroquinas de infantaria que meu pai escalou, em maio de 1944, os últimos picos do mais alto cume do monte Cassino). E tampouco os milhares de palestinos recrutados pelo Exército britânico (e que lutaram ombro a ombro com irmãos de armas judeus nas "Palestine Infantry Companies" formadas pelos ingleses, já em

1940, e que combateram na Síria, no Egito e na Cirenaica). Mas se pode falar da adesão de Antoun Saadeh, admirador do nacional-socialismo que fundou, a partir dele, um partido social-nacionalista sírio, hoje ligado ao Hezbollah. Ou de Zaki al-Arsuzi, outro admirador do regime nazista que inspirou os dois ramos do partido Baas que vão reinar, respectivamente, no Iraque e na Síria até a queda de Saddam Hussein e de Bashar al-Assad. Também a Líbia, que se encontra, como a Somália e a Eritreia, sob domínio italiano. O partido Jovem Egito, cujos líderes foram convidados ao Congresso do partido nazista e até, no caso de alguns, a manobras da Wehrmacht. Rachid Ali al-Gaylani, primeiro-ministro iraquiano que chegou ao confronto armado com os britânicos e que, derrotado em Basra, no final de maio de 1941, fugiu para Berlim, onde Hitler o reconheceu como chefe do governo iraquiano no exílio. Ainda em Bagdá, o movimento de juventude Al-Futuwwa. Seu homônimo palestino, criado no mesmo momento, no mesmo espírito e com a mesma ideia, martelada em todas as rádios, de uma regeneração da juventude árabe na escola do hitlerismo. Outros movimentos de jovens, muitos outros, surgidos num estranho caldo de cultura em que se misturam um antiocidentalismo que invoca Heidegger, um culto ao super-homem originado num nietzschianismo mal digerido e a ideia de que Adolf Hitler é o modelo do "grande aventureiro" capaz de cavalgar a História, moldá-la e, de passagem, livrar o mundo do imperialismo anglo-saxão. As rádios de propaganda alemã no Egito não apresentam o Führer como outro Maomé? E sua *Volksgemeinschaft*, sua comunidade de povo, forjada no ferro e no fogo, como um análogo da Ummah?

3. E há também Amin al-Husseini,[29] Grande Mufti de Jerusalém. Sua história é mais bem conhecida, mas será que se sabe que ele foi nomeado para esse cargo pelos ingleses após os

*pogroms* de 1920, que ele organizara em parte? Pode-se avaliar a decepção dos judeus que tinham ficado ofuscados, como mariposas, pelos fogos da Declaração Balfour e que agora se queimam na sua ilusão? E, principalmente, vê-se a radicalidade da conversão desse homem de rosto sonhador que, sem dúvida, não destoava dos delírios *racializados* desses nazistas de quem se tornou amigo? Instala-se, já em 1941, em Zeesen, ao sul de Berlim, de onde divulga suas diatribes antijudaicas via rádio para todo o Oriente Médio. Influencia possivelmente Himmler, que ele parece ter dissuadido de trocar 20 mil prisioneiros alemães por 5 mil crianças judias que emigravam para a Palestina em 1943. Encontra-se com Hitler, que ele também diz ter aconselhado. Esse papel é confirmado pelo adjunto de Adolf Eichmann, Dieter Wisliceny, que declara no processo de Nuremberg que "o Grande Mufti, que viveu em Berlim a partir de 1941, teve um papel bastante importante na decisão do governo alemão de exterminar os judeus da Europa". Em todo caso, conhece bem o que o Reich entende por "solução final" quando declara, em novembro de 1943, que a Alemanha "soube desmascarar os judeus e decidiu encontrar uma solução definitiva para o perigo judaico". No mesmo ano, em Frankfurt, compara os judeus com "insetos portadores de doenças". E recruta uma unidade SS aquartelada em Atenas, que, em caso de vitória de Rommel no Egito, estava encarregada de avançar sobre a Palestina e liquidar o embrião do Estado dos judeus.

Mesmo que essa divisão não tenha avançado, o que importa é a intenção.

Mas o fato de que a opinião pública árabe, em geral, e a palestina, em particular, ignorem essa página sombria de sua história, o fato de que essa parte do mundo seja a única a jamais ter reconhecido, documentado e ensinado sua participação nos crime dos crimes, e de que Yasser Arafat, por exemplo, tenha continuado até o fim a invocar o Mufti, diz muito sobre a duradoura vitalidade inconsciente desse nazismo impensado.

Houve um nazismo árabe.

Também essa região do mundo foi atravessada pelo confronto entre nazismo e antinazismo.

Crime mundial, em outras palavras, não é uma expressão vazia, nem crime contra a humanidade, somente uma fórmula jurídica ou moralista.

É tudo isso que reduz a zero o mito de uma Palestina inocente à qual se imporia reparar o crime do Holocausto.

# Quem era o guardião de seu irmão em Gaza?

Essa é a pergunta mais difícil.

Não é uma questão de história, mas uma questão de hoje.

É a questão das mortes civis de Gaza e, dentre elas, a das crianças.

Não vou me esquivar.

Nem dizer que "não há palavras" para tal abominação.

Nem que, diante deste escândalo que sempre significa a morte dos civis e das crianças, as palavras se esvaem, morrem também e tombam no abismo da fala impossível.

Tampouco quero entrar na disputa dos números, mesmo que, oriundos do Ministério da Saúde do Hamas, sejam necessariamente duvidosos e e não distingam, além disso, entre combatentes disfarçados de civis e civis atingidos como se fossem combatentes.

Pois um morto é um morto.

Uma morte civil é uma morte civil.

E, entre todos os escândalos que cada uma dessas mortes significa, não há nenhum maior, para mim e para qualquer um que tenha sido pai, ou mãe, ou pensado em sê-lo, do que a morte de uma criança que poderia ser a sua: o escândalo da morte das crianças é o escândalo dos escândalos; é o escândalo do mundo desde que há um mundo; de Atenas a Jerusalém e à Índia do príncipe Sidarta Gautama, é o escândalo metafísico absoluto.

Eu disse isso na Bósnia.

Disse em Darfur e em Angola.

Disse, há exatamente 50 anos, em Maalot, no norte de Israel, onde 22 alunos de uma escola, feitos reféns, foram executados, com granadas, por um grupo terrorista que não era o Hamas.

Voltei a dizer, em 7 de Outubro, quando era o Hamas, e ele não fez diferença entre adultos e crianças.

E nunca cessei de clamar, em todos os tons, toda a minha vida, que se habituar a esse escândalo, considerar a morte de uma criança uma necessidade funcional, um dado estatístico, um detalhe, é pensar como um bárbaro.

Pois bem, penso a mesma coisa a cada vez que me chega de Gaza, pelas redes sociais, a imagem de um pequeno corpo sem vida tirado dos escombros por seu pai ou mãe – ou por um desconhecido que faz as vezes de pai ou de mãe quando estes já não existem.

E não penso diferente quando esse pequeno corpo tombou por uma bala, uma bomba ou um obus, lançados por um descendente das almas puras dos *shtetls* que a loucura nazista, há quase

100 anos, poupou, e cujos corpos não foram mortos nas câmaras de gás e carbonizados.

Eu precisava dizer isso.

Eu precisava que isso ficasse claro.

E aqueles que não choraram comigo as crianças asfixiadas por Bashar al-Assad em Damasco, as crianças afogadas de Lampedusa, as crianças sangradas até a morte do Iêmen, da Nigéria ou de Mogadíscio não podem me dar lições sobre esse tema – eu dispenso, é fácil demais.

O que quero dizer, em contrapartida, é isto – e bem alto.

Mesmo que a responsabilidade pelo outro homem seja um princípio universal e que, diante da inumanidade que se desenrola em Gaza, ninguém possa decentemente se isentar, a responsabilidade dessas mortes de crianças não cabe primeiramente a Israel, mas àqueles que fizeram escudos com elas.

A responsabilidade não incumbe aos netos dos sobreviventes de Auschwitz, cujos testemunhos abriram a consciência universal ao escândalo da morte das crianças, mas aos terroristas que, após anos perseguindo e recrutando seus filhos, militarizando e abordando seus pais, impondo-lhes uma xaria a cada dia menos espiritual e mais sádica, amassando seu povo como um pão ou, melhor, como um metal com o qual fariam uma bomba destinada a Israel e calculada exatamente para despedaçá-lo; é responsabilidade dos combatentes civis que instalaram seus depósitos de armas e reservas de munições, quartéis e centros de comando na porta das mesquitas, no interior dos hospitais e das escolas, ou na entrada dos túneis cavados nas zonas mais populosas deste Leviatã minúsculo que se tornara Gaza.

Essa responsabilidade compete àqueles que fizeram ouvidos moucos quando Israel deu às famílias da cidade de Gaza um prazo de 24 horas, estendeu-o para 2 dias, depois 3, depois uma semana, antes de intensificar seus ataques às bases de onde saíram os que acabavam de degolar seus próprios filhos nos *pogroms*; cabe aos que proibiram que se atendesse ao ultimato, que instalaram picapes na entrada da estrada Salah al-Din – aberta várias horas por dia por Israel para permitir as evacuações[30] –, ou que atiraram contra os que se arriscavam a lhes desobedecer e que, em certos casos (há registros disso), precisaram ser escoltados por uma unidade israelense.

E acrescento que, se essa responsabilidade deve ser dividida, se há alguém que divide com o Hamas uma parcela esmagadora disso são os funcionários da ONU que agravaram a situação ao declarar: "Estas evacuações são uma armadilha! Estes corredores abertos para permitir que os não combatentes encontrem um abrigo precário, mas um abrigo ainda assim, são vias sem saída! Israel nega, mas prepara uma evacuação sem volta, uma limpeza étnica que não se assume, uma segunda Nakba" – essas pessoas têm nas mãos o sangue dos infelizes que as ouviram, que acreditaram nelas e que ficaram quando os ataques começaram.

Sei que houve jovens soldados, quase crianças também, que, ao entrar num bairro que tinha grandes chances de estar minado, perderam o sangue-frio, atiraram em pânico e mataram civis desarmados quando não eram – como já se viu – reféns que os esperavam como seus salvadores.

Não acredito que o Tsahal tenha sido sempre exemplar e que não tenha havido erros no *front*, que deverão ser tratados pela verdadeira justiça, ou seja, a justiça israelense militar e civil, única a ter os dados em mãos e única, sobretudo, implacável com a morte das crianças.

E talvez sejam mais numerosos do que se pensa os estrategistas, os táticos, os chefes de Estado-Maior ou da linha de frente que, como insinuou recentemente um jornalista israelense ao entrevistar Netanyahu, não conseguem dormir à noite e se perguntam se sempre agiram e refletiram bem em todas as ocasiões: o número de bombardeios? O ritmo? Os tiros guiados pela inteligência artificial? A seleção dos alvos por algoritmos? E agora, enquanto termino este livro, a perspectiva de uma batalha em Rafah,* ao sul, onde estão refugiados mais de um milhão de civis? Tudo isso me perturba evidentemente; essas imagens, quando há imagens, me assombram; talvez elas os assombrem também.

Mas existe um ponto que não admite "sem dúvida" nem "talvez", porque é uma certeza.

Esta guerra é uma guerra atroz que os israelenses não desejaram.

Seu inimigo é um inimigo terrível, cujo desejo proclamado é exibir não somente o maior número possível de mortes judaicas, mas também, em seu próprio campo, expor o maior número possível de mártires.

Esses combatentes híbridos que se escondem em túneis, onde se abstêm de proteger os seus, que saem e se instalam diante dos imóveis nos quais estão mulheres, homens e crianças, expõem-se aos soldados do Tsahal como se dissessem: "Mate-me se puder, mas mate-os comigo; pois você matará crianças e, matando crianças, você fará parte do escândalo do mundo".

Presos nessa armadilha, os israelenses não tinham escolha.

Ou recuar de pavor diante dos escudos humanos: prefiro não... me abstenho... paro aqui...

---

* N.T.: Iniciada em maio de 2024.

Ou saber que, fazendo isso, dariam a vitória ao Hamas e que eles não têm nem o direito nem, infelizmente, os meios para isso: Israel, diz o ditado, pode ganhar muitas guerras, mas só perderá uma – a última...

No final, sobra só uma opção.

A desgraça de ganhar.

Ganhar porque é um dever.

Mas ganhar tomando todas as precauções possíveis, militarmente falando – o que acredito que Israel fez.

Em nenhuma outra guerra no mundo viram-se tantas salas de comando, onde jovens oficiais febris, olhos grudados na tela, seguem a trajetória do míssil que lançaram, espreitam o surgimento no quadro de uma sombra, uma forma, uma silhueta, e têm então alguns segundos, frequentemente menos, para desviar sua trajetória e fazê-lo cair no campo ou na ruína vizinha – então se ouve uma voz de robô que diz *"diverted missile"*...

Em nenhuma outra guerra viu-se um exército, tendo expirado o ultimato, lançar sobre o alvo uma chuva de panfletos em árabe, de SMS, de telefonemas, de obuses vazios lançados por drones que dão aos combatentes tempo de fugir e de se proteger, e aos últimos ocupantes uma trégua para abandonar o local.

E nunca se viu atuando, em outra guerra, um equivalente do MAG, esta unidade de legistas encarregados de verificar, a partir de um *bunker* de Tel Aviv, ou, às vezes, em tempo real, dentro da unidade operacional, se a ordem dada está conforme o princípio de proporcionalidade exigido pelo direito de guerra e pelo direito do Exército israelense, em particular.

Sim, todos os exércitos civilizados têm um código desse tipo.

O Exército americano acaba, aliás, de atualizar o seu.

Mas não conheço nenhum mais exigente do que o *Tohar HaNeshek*, a Pureza das Armas, codificado pelos pioneiros de Israel.

E que eu saiba, Israel não esperou que os amigos que querem o seu bem, os aliados que o deixam sozinho na linha de frente desse combate que também lhes diz respeito e, mais ainda, que seus inimigos lhe cobrem com pressões, injunções, reprovações para, hoje como ontem, tentar permanecer fiel a suas prescrições.

É por essa razão que isto precisa ser repetido, de novo e de novo, contra os evangelistas da teoria da reprovação que substituem, por todo lado, a teologia da libertação.

A morte dos civis de Gaza não é um massacre.

Menos ainda um genocídio.

E pretender o contrário, confundir os soldados do Tsahal com nazistas educados no puro ódio e que aniquilam populações desarmadas; não fazer diferença entre o soldado hebreu que mata um inocente sem tê-lo visado e o SS que fechava as crianças em vagões de carga para levá-las às câmaras de gás na chegada do campo; ser incapaz de distinguir um tiro mal ajustado e um assassinato metódico e frio; urrar "Tsahal fascista" e "Biden cúmplice"; afogar Israel na nuvem mefítica que cobre a Terra com sua sombra desde o massacre das crianças judias do Holocausto, tudo isso é contrário aos fatos, isso é contrário ao verdadeiro – é um ultraje às vítimas de ontem, uma afronta às vítimas de hoje, um presente dado aos assassinos de crianças do Hamas e um acréscimo à infelicidade do mundo.

# Se eu te esquecer, alma judia

Uma última palavra em intenção daqueles que se importam com o Nome de Israel.

Há uma glosa de Rashi que, desde *Le Testament de Dieu* (O Testamento de Deus), me intriga.

Ele se pergunta por que a Torá não começa diretamente no "capítulo 12 do Êxodo", no trecho em que o versículo enuncia: "Este mês é, para vocês, o começo dos meses".

Retoma, mais precisamente, Rabi Isaac, seu pai: em vez de começar pela Aliança que fez com seu povo, que necessidade tinha Elohim de nos contar em detalhes estas histórias de noite e de luz, de terra e de céu, de sopro pairando sobre a face das águas, de Terra sem forma, vazia, que necessidade de nos impressionar com a "força de seus atos"?

E, com a sutileza que faz dele o mais judeu dos gênios franceses e o mais francês dos gênios judeus, responde isto: imaginem que as "nações do mundo" desejem dizer um dia aos hebreus: "Vocês são ladrões, foi pela força que vocês conquistaram a terra dos povos de Canaã". Os hebreus terão fundamento para responder então: "Toda a terra" era do "Santo, bendito seja", foi ele que a criou e foi ele que "por um ato de sua vontade" – hoje se diria com seu total discernimento – "a deu a quem cabia, a seu ver, dá-la".

Há outra glosa, porém, do mesmo Rashi, à margem do versículo do Levítico em que os hebreus, recém-instalados na terra que acabam de receber, veem-se ameaçados, como sempre serão por todos os profetas, de serem "vomitados" por essa terra, assim como o foram os povos que ali viveram antes deles. Rashi diz, muito precisamente, que essa terra é como "um príncipe que foi obrigado a comer um alimento nojento" e cujo estômago delicado "não poderia conservar em suas entranhas" uma tal podridão.

E ele conclui dessa dupla glosa – a menos que seja eu a delinear tais conclusões – o seguinte: esta terra foi dada, é claro, ao povo judeu; mas desde que não se assemelhem aos cananeus e não reproduzam seus terríveis erros – ela lhes foi dada com uma orientação, quase um roteiro: não ser um povo exatamente como os outros, não construir nela uma nação que se pareça com todas as outras nações, viver ali à altura da tarefa que lhe foi confiada e que ele foi o único dentre os povos a ter aceito.

Se eu evoco essas lembranças bíblicas não é apenas por causa do caráter premonitório de uma glosa que nos diz que os turcos de Erdogan, os iranianos de Khamenei, os argelinos de Tebboune e os *undergraduates* de Harvard não são os primeiros a tratar os judeus como ladrões de terra e a tomar o partido dos eternos cananeus, mas também porque essas questões estavam no cerne do sionismo nascente e dos debates que o agitaram.

Por um lado, havia aqueles que não viam nenhum motivo para impor à nação judaica ressuscitada imposições especiais; eles não tinham nenhuma vontade de se mostrar, de volta a Canaã, particularmente excepcionais; e, como David Ben-Gurion, ficavam tão exasperados com a ideia de ter de provar sua idoneidade às outras nações que chegavam a dizer: "terei orgulho de Israel no dia em que ele também tiver, como todos os Estados do mundo, suas putas, seus trapaceiros, seus bandidos".

Por outro, havia outros sionistas com eles, frequentemente os mesmos, na verdade, com a alma secreta, a alma pioneira e poeta, a alma de sonhadores que passaram a infância num gueto ou num *shtetl*, lembrando o Salmo 126 e benzendo o trigo, a cevada e o fermento que acabavam de comer; havia outro sionismo que não tinha certeza se valia a pena reunir o povo judeu, ressuscitar sua língua e fazer o imenso esforço de florescer os desertos se fosse só para fazer uma nação a mais, só um Estado a mais, só outro monstro frio semelhante a todos os monstros frios.

Um Estado refúgio, é claro, onde os mais antigos perseguidos do mundo tivessem o direito de viver sem serem escravos, servos, mujiques, sub-homens e intocáveis, e sem temer, a todo momento, o surgimento do punhal ou do forcado que feriria seu ventre.

Um Estado para os sobreviventes do Holocausto, evidentemente, onde se deixe de ser este ser-para-a-morte, este ser-para-o-massacre, este cordeiro no balcão do açougueiro e, no fim, esta carne de criança transformada, nos crematórios, em cinzas e fumaça.

Mas esses sionistas imaginavam, também, um Estado que, tendo demorado tanto e sendo o recém-chegado no concerto de nações trazidas pelos grandes ventos da Revolução Francesa; sendo um dos últimos rebentos da grande virada nacional que viu todos os povos do mundo sonharem em se emancipar dos reis e dos impérios, aproveitaria esse contratempo para escapar às doenças infantis das nações.

A arrogância, por exemplo.

A autossatisfação de quem acredita ter todos os direitos, sobretudo o de dizer aos povos que o rodeiam ou que vivem com ele: esta terra é minha, saia daí para que eu me instale.

O chauvinismo, se preferirem, que este estranho judeu que era Romain Gary caracterizara tão bem na fórmula: o patriotismo é o amor aos seus; o chauvinismo, o nacionalismo, o ódio aos outros.

Em suma, por que não criar um Estado judeu, simplesmente judeu, onde se possa ser "estrangeiro e residente", em sua casa e em visita? Por que, como recomendava Rashi, não tentar, uma vez recebida a terra, viver nela com leveza, santificá-la sem sacralizá-la, e se portar como um hóspede que recebeu a missão de semeá-la e de colher, mas deixando às árvores a necessidade de deitar raízes?

Ah... se tivessem pedido isso a todas as nações do mundo!

À nação judaica que renascia, isso foi pedido – e ela o fez.

Se eu confrontar agora o Israel real de hoje com esse projeto das origens, o que se vê? E o Estado dos judeus se atém ao seu programa?

Vejo, no governo, homens ferinos: um se define como "fascista homofóbico", encoraja as "expedições punitivas" às cidades da Cisjordânia e prega a "emigração", após a guerra, de todos os habitantes de Gaza; outro se diz kahanista, não cananeu, kahanista mesmo, discípulo do rabino Meir Kahane, cujo partido foi proibido em 1994 por terrorismo e racismo, e que pregava a perda do direito de voto dos árabes israelenses e sua expulsão do país.

Vejo um primeiro-ministro que, talvez para agradá-los, talvez por outras razões de política interna, ou talvez por ter buscado infelizmente um mandato a mais e perdido sua bússola judaica, insistia, antes da guerra, em sacrificar um sistema judiciário que era o orgulho de Israel: com seus escrúpulos e incertezas, com a renovação, o aprofundamento e a invenção permanente de suas leis, com os limites que ela impõe à arrogância dos homens cínicos, a democracia não continua sendo a tradução profana menos ruim da exortação feita ao povo de Israel a permanecer um povo justo?

Vejo ativistas judeus que, aproveitando as incertezas da guerra, continuam criando colônias, as verdadeiras, aquelas que minam, na Cisjordânia, o Estado palestino indiviso, viável, que deverá ser aceito um dia caso se queira viver na terra, como recomendava Rashi, e também fazer a paz.

Vejo judeus de Israel e da Europa que, ressentidos com os ataques que sofrem, esgotados com sua vertiginosa solidão, ouvem falsos guias que os exortam: "É preciso acabar com o mundo dos homens dóceis que lhes retribuiu tão mal por reacender, em duas ou três vidas de homens, a chama que acendeu o fogo de três das maiores civilizações do mundo". Eu os conheço, esses maus conselheiros. Sei que a graça da travessia judaica do mundo é absolutamente o oposto deles. E queria tanto convencer os que ficam tentados a lhes sucumbir de que a história de Israel, a experiência política de Israel, a aventura de seus generais e de seus reis, a glória de Gideão e a de Menachem (Begin), os sonhos de Josué, mas também de Shimon (Peres), de Yitzhak (Rabin ou Shamir, pouco importa), de Ehud (Barak) ou de Golda (Meir) são a negação radical, intransponível, definitiva do chauvinismo e do populismo que grassam no mundo!

Faça para nós um bezerro de ouro, pediam as tribos de Israel; faça para nós um deus que nos guie; faça para nós um ídolo que nos dispense, a todos e cada um, do esforço de pensar: assim falam hoje aqueles judeus que consideram confiar sua alma aos falsos amigos do povo.

Leve-nos de volta para o Egito, queixa-se a assembleia das tribos de Israel para Moisés e Arão, pois ao menos estávamos sentados "perto dos pratos de carne" e "comíamos pão até nos fartar": este lado dependente e glutão, perdido e saciado, que é a tentação de todos os povos, não seria uma ameaça para este novo velho povo que Israel quer ser?

Os profetas não se enganavam quando afirmavam o esforço insano necessário para fazer um povo.

Eles sabiam que nada é mais recalcitrante à inteligência, à verdade, à transcendência do que um povo, qualquer povo, inclusive o de Israel.

Eles sabiam que o pensamento judaico é uma fonte de sentidos da qual não se deve perder nenhuma gota, em que cada pérola guarda a mais rara das essências e os mais preciosos dos néctares, mas que os próprios judeus, por vezes, não querem mais beber.

E vejo claramente que existem, hoje em dia, os judeus que se desfariam, se pudessem, da grandeza de Israel.

E vejo o resto.

Oh! Não "o resto de Israel".

Não esse resto que, na Bíblia, permanece quando se perde a colheita e que tudo parece arruinado.

Não.

Vejo estes jovens e menos jovens soldados tão bravos, na fronteira norte, na estoica espera do fogo prometido pelo Hezbollah.

Vejo este povo reunido em torno de seus reféns: estão ali, unidos como no primeiro dia, aqueles que reencontraram os seus e aqueles que perderam a esperança; aqueles que sabem que eles não voltarão mais, porém, passado o luto, vêm acompanhar os que ainda esperam; estão ali, tensos e graves, trocando magras notícias e tentando imaginar o resto: a sujeira... os vermes... será que ele está se alimentando? Será que ela está dormindo? A mesma vasilha para se limpar e para comer... a lama do túnel ou, ao contrário, seu chão gelado e liso... um velho jornal como única leitura... guardas fanfarrões que brincam de assustá-los... Eles estão todos ali e todos de acordo sobre este ponto da doutrina judaica: nada vale uma vida; nenhuma consideração política ou geopolítica, nenhum cálculo político ou geopolítico pode ou deve impedir a imperiosa obrigação de resgatar os prisioneiros.

Caminho na Tel Aviv petrificada e deserta, mas ainda tão vibrante, com sua sociedade composta de sefarditas e asquenazes, de *startupers* ultramodernas e ultra-arcaicas, de almas religiosas vindas da Polônia e de leigos meio ucranianos e meio californianos, de árabes israelenses, de negros israelenses, de drusos.

Amanhã irei a Jerusalém ver os rabinos e os patriarcas, os monges armênios e as freiras católicas, os jovens estudiosos de chapéu preto, os chassídicos sem idade envoltos em casacos de pele, apesar do calor – valsa de homens que giram na paisagem de colinas – e que, quando sai pelas janelas abertas dos *yeshivot* o grande rumor do Livro que se questiona sem cessar, não sabem mais nem onde estão, nem com quem, nem em que tempo; tudo o que sabem é que receberam uma terra, que nela precisam fazer obras, transformar extensões áridas em jardins e que uma única coisa lhes é proibida – a segurança, a suficiência, que são o câncer da pele das nações.

E depois retornarei aos *kibutzim*: o povo dos pioneiros que fizeram a viagem até o último círculo do inferno... os médicos, os juristas, os intelectuais, os engenheiros que, após os trabalhos dos campos, voltavam, com alegria, às suas bibliotecas, a seus binóculos e, como Amos Oz, às suas histórias de amor e de trevas ... e depois o horror, a carnificina, de porta em porta, um a um, a cavalgada dos agressores... e, como o menino da foto de Roman Vishniac vigiando o canto do prédio para dizer se o caminho está livre e se os assassinos foram realmente embora, os sobreviventes do 7 de Outubro que começam a voltar...

Eu o amo, este povo-mundo, espremido nessa minúscula faixa de terra que um Ocidente – e um mundo que goteja todo o sangue judeu derramado na torrente dos séculos – consentiram em lhe dar há três quartos de século.

Amo que, diante do presente envenenado que uma nação sempre pode ser, diante desta maçã envenenada que esse povo recebeu, como a Branca de Neve, das rainhas e dos reis que pensavam estar assim quites com séculos de perseguição, ele tenha conservado esta grande arte de esvaziar sua substância mortal e, como os cuspidores de fogo, às vezes *in extremis*, a lançar para longe.

E amo este milagre de resistência e inteligência, de lucidez e bondade: mesmo ouvindo seus vizinhos urrar de dor como no primeiro dia, exatamente como no primeiro dia, esse povo permanece, em sua maioria, fiel a seus princípios fundadores e ainda disposto à paz, no dia em que os outros também estiverem.

Este é um sionismo vivo.

É um sionismo radiante, luminoso, exemplar.

Talvez, com o tempo, tenha se tornado menos majoritário.

Mas é exemplar porque, apesar das guerras, apesar dos golpes que levou e deu, apesar dos esforços feitos para contaminá-lo, ele permanece atado ao comando abraâmico: "Esta casa que construímos" deve continuar sendo "uma casa de prece para todos os povos".

Quem odeia isso que o diga.

Ele dirá somente que odiava os homens.

Por muito tempo, os judeus exilados salmodiaram, com sua harpa pendurada nas árvores em sinal de tristeza: "Se eu te esquecer, Jerusalém, que minha mão seque."

Hoje em dia, talvez os judeus de Israel devam cantar: se eu te esquecer, alma judaica...

Se eu te esquecer, santa voz que diz que salvar uma vida vale mais do que observar todos os *Shabat* do mundo...

Se eu te esquecer, alma de um povo que sempre pôs o espírito acima da fé e a letra acima do espírito...

Se eu te esquecer, irremediável e nobre fragilidade (pois o espírito é frágil, pois a inteligência é frágil, pois a humanidade é frágil), que não é o contrário da força, mas a impede de ser bárbara...

Se eu te esquecer, ser-judeu que superou tantas provas, sobreviveu a tantos massacres e nunca perdeu nem seu desapego diante das potências, nem sua ironia diante das grandezas...

Se eu te esquecer, solidão judaica, a outra, a verdadeira, aquela que fazia Abraão, o Justo e o primeiro dos Adões, se manter na margem do rio, diz o Midrach, enquanto os outros, os povos da História, ficavam na outra margem.

Se eu os esquecer, *Ravs* admiráveis que, ao pé dos cadafalsos e, depois, nas fogueiras da Inquisição, nas câmaras a gás, nunca deixaram de testemunhar que se pode estar na História sem estar, no tempo e além do tempo, pois há um além do ser...

Se eu te esquecer, exceção judaica, que desejou, com todas suas forças, não se confundir com as nações...

Se eu te esquecer, responsabilidade judaica enunciada no Talmude: todos os judeus são fiadores uns dos outros e fiadores dos outros homens...

Se eu te esquecer, hiper-responsabilidade judaica que levou uma grande primeira-ministra judia a dizer: mais imperdoável ainda do que o assassinato dos filhos de Israel é forçar Israel a matar os filhos de seus assassinos...

Se eu te esquecer, humanismo judeu...

Se eu te esquecer, *Esperança agora*,* segundo Benny Lévy levando Sartre ao judaísmo...

Se eu te esquecer, Adão, o nome do homem, que sobrevivestе às tempestades do tempo que, como o mar, apaga tudo...

Se eu te esquecer, promessa, ainda e sempre lembrada aos homens que nascem, vivem, morrem só por um tempo...

Esse dia não chegou.

A alma, o espírito e o gênio do judaísmo se mantêm firmes na tormenta.

Mas, se forem esquecidos, não é a mão, mas o coração de Israel que secará.

---

* N.T.: Referência à obra *A esperança agora: entrevistas de 1980*, de Jean-Paul Sartre e Benny Lévy. (Rio de Janeiro: Nova Fronteira, 1992).

# Notas

[1] Disponível em: <https: / / www.bbc.com / news / world-middle-east-67480680>.

[2] Slate, 28 jul. 2011. Disponível em: <https: / / www.theguardian.com / world / 2011 / aug / 08 / gaza-first-five-star-hotel>.

[3] Disponível em: <https: / / www.nytimes.com / 2023 / 12 / 28 / world / middleeast / oct-7-attacks-hamas--israel-sexual-violence.html>.

[4] Disponível em: <https: / / globalnews.ca / news / 10046530 / israel-call-your-son- killed-jews / >.

[5] Disponívelem: <https: / / www.lopinion.fr / international / le-chef-du-hezbol-lah-a-rencontre-des-dirigeants-du-hamas-et-du-djihad-isla- mique>; <https: / / www.watson.ch / fr / international / isra%c3%abl / 630651190-un-ministre-iranien-avoue-avoir-aide-le-hamas>; <https: / / www.aa.com.tr / fr / monde / le-vice-ministre-iranien-des-affaires-%C3%A9trang%C3%A8res-rencontre-une- d%C3%A9l%C3%A-9gation-du-hamas-%C3%A0-mos-cou- / 3034496>; <https: / / www.challenges.fr / top-news / le-chef-du--hamas-a-rencontre-le-guide-supreme-iranien-hamas_872974>; <https: / / www.courrierinternational.com / article / vu-des-etats-unis-operation-du-hamas-la-main-in-visible-de-l-iran>; <https: / / www.wsj.com / world / middle-east / hamas-fighters-trained-in-iran-before-oct-7-attacks-e2a8dbb9>.

[6] Disponível em: <https: / / fr.timesofisrael.com / chine-depuis-le-massacre-du-7-octobre-au-hamas--lantisemitisme-a-explose-en-ligne / >.

[7] Disponível em: <https: / / www.watson.ch / fr / international / guerre / 733655863-poutine-aurait-vendu-des-armes-au-hamas-et-accuse-l-ukraine>.

[8] Disponível em: <https: / / www.mediapart.fr / journal / international / 211123 / l-operation-du-7-octobre-ne-vise-pas-seulement-tuer-mais-fil- mer-les-tueries-et-les-atrocites>.

[9] Disponível em: <https: / / www.thejc.com / news / uk / deep-concern-over-anti-israel-culture-at-foreign-office-ykrgqr0o>; <https: / / unherd.com / 2023 / 11 / metoo-unless-youre-a-jew / >.

[10] Disponível em: <https: / / www.courrierinternational.com / article / etats-unis- rashida-tlaib-porte-voix--des-palestiniens-au-congres-de-was- hington>; <https: / / www.i24news.tv / fr / actu / israel-en-guerre / 1700051674-rashida-tlaib-fait-partie-d-un-groupe-secret-sur- les-reseaux-qui-glorifie-le-hamas>.

[11] Disponível em: <https: / / nypost.com / 2023 / 11 / 27 / news / daughter-of-critically-ill-freed-hostage-rips-red-cross-medically-neglected>.

12 Disponível em: <https://www.i24news.tv/fr/actu/israel-en-guerre/1702547743- un-acte-de-resistance-illegitime-ne-delegitime-pas-la-resistance-declare-le-rapporteur-special-de-l-onu-a-i24news>.

13 Disponível em: <https://www.wsj.com/articles/united-nations-hamas-is-rael-gaza-alice-wairimu-nderitu-sarah-douglas-cindy-mc- cain-260ea505>.

14 Disponível em: <https://charleroi-pourlapalestine.be/index.php/2023/12/14/pourquoi-le-bureau-de-lonu-pour-la-prevention-de-geno-cide-reste-t-il-silencieux-a-propos-de-gaza/>.

15 Disponível em: <https://www.devex.com/news/devex-newswire-cindy-mc- cain-s-tearful-clash-with-wfp-staff-over-gaza-106701>.

16 Disponível em: <https://www.i24news.tv/en/news/israel-at-war/1704531904- idf-finds-terrorist-vests-hidden-in-unrwa-bags-in-gaza-clinic>; <https://www.nysun.com/article/un-agency-in-gaza-alle- ged-to-have-blood-on-its-hands-in-aftermath-of-october-7- massacre-of-israelis>; <https://www.lemonde.fr/international/article/2024/01/26/guerre-israel-hamas-l-unrwa-se-separe-de-plusieurs-de-ses- employes-soupconnes-d-avoir-participe-a-l-attaque-du-7-oc- tobre_6213217_3210.html>; <https://fr.timesofisrael.com/des-employes-de-lunrwa-ont-fait-leloge-des-massacres-du-hamas-etude-impact-se/>.

17 Disponível em: <https://www.reuters.com/world/irans-appointment-chair-un-rights-meeting-draws-condemnation-2023-11-02/>.

18 Disponível em: <https://nypost.com/2024/01/17/news/israeli-dad-says-hamas-tried-to-sell-sons-decapitated-head/>.

19 Disponível em: <https://www.bbc.com/afrique/monde-67902844>.

20 Disponível em: <https://www.lefigaro.fr/actualite-france/mort-aux-juifs-a-la-fac-de-nanterre-l-antisemitisme-prospere-20231117>; <https://www.marianne.net/agora/humeurs/abel-quentin-menace-comme-un-juif-en-france>.

21 Disponível em: <https://www.lemonde.fr/societe/article/2023/12/01/a-l-uni-versite-l-ombre-de-l-antisemitisme-fracture-la-communaute- etudiante_6203293_3224.html>.

22 Disponível em: https://cornellsun.com/2023/10/16/cornell-professor-ex-hilarated-by-hamass-attack-defends-remark/; <https://www.20minutes.fr/monde/4060399-20231101-guerre-hamas-israel-etudiant-arrete-new-york-menaces-visant-camarades-juifs>.

23 Disponível em: <https://www.thefire.org/sites/default/files/2023/09/ CFSR%202024_final_updated.pdf>; <https://www.lepoint.fr/postillon/demission-de-la-presidente-de-harvard-la-defaite-en-trompe-l-oeil-du-wokisme-05-01-2024-2549056_3961.php>.

24 Disponível em: <https://theweek.com/articles/835714/what-donald-trump-said-about-jews>.

25 Yehoshua Porath, *The Palestinian Arab National Movement: From Riots to Rebellion: 1929-1939*, London, Frank Cass and Co., Ltd., 1977, v. 2.

26 *The New York Times*, New York, 1º dez. 1947; J.C. Hurewitz, *The Struggle For Palestine*, New York, Shocken Books, 1976, p. 308; Isi Leibler, *The Case For Israel*, Sydney, The Globe Press, 1972, p. 5.

27 David Motadel, *Islam and Nazi Germany's War*, Cambridge, Harvard University Press, 2014; Matthias Küntzel, *Jihad and Jew-Hatred: Islamism, Nazism and the Roots of 9/11*, New York, Telos Press Publishing, 2007; Jeffrey Herf, *Nazi Propaganda for the Arab World*, New Haven, Yale University Press, 2009.

28 Disponível em: <https://www.latimes.com/opinion/op-ed/la-oe-hurowitz-moroccan-king-mohammed-v-20170425-story.html>.

29 Disponível em: <https://www.slate.fr/story/108869/grand-mufti-jerusalem-hitler-destruction-juifs>; <https://www.lepoint.fr/monde/hitler-netanyahu-mufti-la-verite-historique-22-10-2015-1975908_24.php>.

30 Disponível em: <https://www.cnn.com/2023/11/09/politics/israel-pauses-gaza-white-house/index.html>; <https://dailycaller.com/2023/11/07/israel-thousand-gazan-humanitarian-corridor-hamas-war/>.

# O Autor

**Bernard-Henri Lévy** é filósofo formado pela École Normale Supérieure, escritor e cineasta. Colabora como colunista em inúmeras publicações na França e em outros países, em revistas e jornais como *Le Point*, *Corriere della Sera*, *El Pais*, *The New York Times*, *Huffington Post*, *Haaretz*, *Espressen de Stockolm*. Fundou e dirige a revista *La Règle du Jeu*, que trata de literatura, filosofia, política e artes. Reconhecido como um intelectual engajado pelo grande público na França, é um autor premiado, tendo publicado mais de 40 livros, entre ficção e não ficção.

**GRÁFICA PAYM**
Tel. [11] 4392-3344
paym@graficapaym.com.br